教师教学实践技能修炼丛书 | 丛书主编

中学数学
教学实践技能
修炼手册

黄友初　朱忠明◎编著

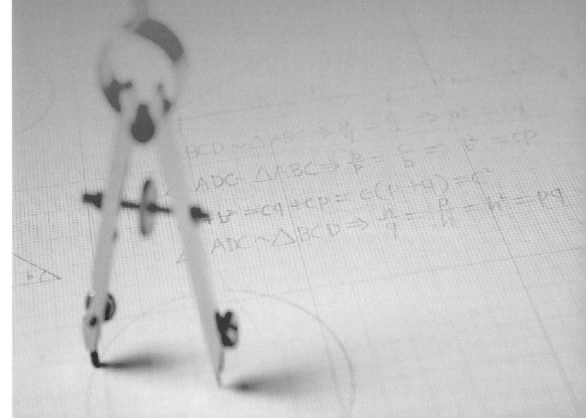

华东师范大学出版社
·上海·

图书在版编目(CIP)数据

中学数学教学实践技能修炼手册/黄友初,朱忠明编著.—上海:华东师范大学出版社,2023
(教师教学实践技能修炼丛书)
ISBN 978 - 7 - 5760 - 4334 - 1

Ⅰ.①中…　Ⅱ.①黄…②朱…　Ⅲ.①中学数学课−中学教师−师资培养−手册　Ⅳ.①G633.602−62

中国国家版本馆 CIP 数据核字(2023)第 243513 号

教师教学实践技能修炼丛书

中学数学教学实践技能修炼手册

编　　著　黄友初　朱忠明
责任编辑　师　文
审读编辑　汤　琪
责任校对　陈　易
装帧设计　俞　越

出版发行　华东师范大学出版社
社　　址　上海市中山北路 3663 号　邮编 200062
网　　址　www.ecnupress.com.cn
电　　话　021 - 60821666　行政传真 021 - 62572105
客服电话　021 - 62865537　门市(邮购)电话 021 - 62869887
地　　址　上海市中山北路 3663 号华东师范大学校内先锋路口
网　　店　http://hdsdcbs.tmall.com

印 刷 者　上海龙腾印务有限公司
开　　本　787 毫米×1092 毫米　1/16
印　　张　10.5
字　　数　227 千字
版　　次　2024 年 5 月第 1 版
印　　次　2024 年 5 月第 1 次
书　　号　ISBN 978 - 7 - 5760 - 4334 - 1
定　　价　42.00 元

出 版 人　王　焰

总 序

党的二十大报告提出,"以中国式现代化全面推进中华民族伟大复兴",中国式教育现代化是中国式现代化的重要组成部分。同时,报告还指出,"坚持为党育人、为国育才,全面提高人才自主培养质量,着力造就拔尖创新人才","坚持以人民为中心发展教育,加快建设高质量教育体系,发展素质教育,促进教育公平","加强师德师风建设,培养高素质教师队伍,弘扬尊师重教社会风尚"。百年大计,教育为本。教师是立教之本、兴教之源,承担着让每个孩子健康成长、办好人民满意的教育的重任。面对百年未有之大变局,人民对高质量教育的期待和国家对卓越人才的渴求都更加凸显出未来教师的使命和担当。

师范生是教师队伍建设的后备军。2021年,在教育部办公厅印发的《中学教育专业师范生教师职业能力标准(试行)》《小学教育专业师范生教师职业能力标准(试行)》等文件中,均提出了师范生应具备师德践行能力、教学实践能力、综合育人能力和自主发展能力四大能力。尽管我国师范教育改革持续推进、效果显著,但要真正把这些能力落到实处依然任重道远。

新时代,我们要培养的是具有现代教育观念,具备较高理论素养与实践能力,能引领全国基础教育发展的复合型、创新型、专家型的中小学各学科卓越教师和教育管理人员。教育实践能力作为师范生重要的"三力"(教育实践能力、自主获得知识的能力、教育实践研究能力)之一,理应得到更多的关注。

当前教育数字化转型为教育改革和教师发展提供了良好机遇,也带来了巨大挑战。人工智能可替代教师的某些功能和作用,甚至能做得更好,如知识传授、程序性的工作等,但人工智能永远无法企及人的情感、创造性思维、教师的教学实践智慧等。教学实践能力提升是师范生成长为专业教师的基本环节。教学实践能力可分为不同的层次。初级的教学主要是模仿性的、探索性的;中级的教学主要是标准化的、按部就班的;高级的教学主要是因材施教的、个性化的,甚至是艺术化的。我们希望培养具有最高层次的教学实践能力的师范生。要实现这样的培养目标,除了师范生的自我修炼以外,还需要我们在人才培养方案中落实"实践育人"理念,从理论学习和实践改进等多方面为师范生提供全方位的支撑。

为此,我们组织上海师范大学课程与教学论专家和优秀的一线教师,合作编写了"教师教学实践技能修炼丛书"。编写者结合当下师范生能力现状和对实践教学培养体系的认识,精心设计了教材内容和栏目板块,并呈现真实教学案例,助力师范生提升教学技能与创造性解决问题的能力,促进师范生成长为"有理想信念、有道德情操、有扎实学识、有仁爱之心"的新时代"四有好老师",以及具备跨学科素养、教育数字化素养、全球胜任力的卓越教师。

未来,教师的角色将不断演变,但教师在教学场景中的实践智慧始终是教师专业发展的核心。对此,我们将持续关注和开展研究。希望我国有更多的学者参与到教师的专业实践能力和教学场景中的实践智慧的研究中,积极回应高质量教育对高素质、专业化、创新型教师队伍建设的需求,推动基础教育高质量发展。

夏惠贤

2023 年 6 月

前　言

　　教师是教学活动的组织者、引导者和合作者，是课程目的的具体执行者和实施者，教师的专业水平关乎着学生的成长和国家的未来。课堂教学是学生获取知识和提升能力的主要渠道，教师的教学实践能力与课堂教学质量密切相关，对学生的核心素养发展有着重要的影响。数学是一门基础性学科，不仅对学生的认知思维发展有深远的影响，也是学生学习其他学科课程的基础。中学阶段正值青少年个性养成的关键期，在此期间的学习成效对学生将来的发展十分重要。中学数学对学生的概括能力、空间想象能力和逻辑推理能力发展等都会产生重要影响，但是这些能力发展的速度和深度取决于中学数学教师的课堂教学能力。因此，中学数学教师教学实践能力的提高十分关键，尤其是职前和新手中学数学教师，特别要在学习和实践中注重自身教学实践能力的提升。

　　本书在介绍中学数学教师专业特点以及专业发展情况的基础上，既对中学数学教学设计、课堂教学语言、课堂导入等教学实践基本技能进行解读分析，又对中学数学概念课、命题课、复习课等不同课型的教学进行解读分析。对于不同的基本实践技能，本书主要从总体认识、基本特征、提升路径等方面进行解读；对于不同课型的课的教学，本书主要从总体认识、设计与实施要领、提升路径等方面进行解读。解读过程中都结合具体的教学案例进行分析，这为教师教学实践技能的发展与提升提供了可参考的路径和方法。

　　本书由上海师范大学黄友初和朱忠明共同编著，黄友初负责本书的总体框架结构，并负责编写第一章(中学数学教师专业的认识与发展)、第二章(中学数学教学设计的认识与撰写)、第三章(中学数学课堂教学语言技能的认识与提高)、第四章(中学数学课堂导入技能的认识与提高)、第五章(中学数学概念课教学技能的认识与提高)；朱忠明负责本书的统稿，并负责编写第六章(中学数学命题课教学技能的认识与提高)、第七章(中学数学复习课教学技能的认识与提高)；全书由黄友初审核、修订并最终定稿。

　　本书在编写过程中引用了很多学者的观点，也引用了一线教师的一些教学案例，在此表示感谢。此外，还要感谢尚宇飞、陈杰芳、管民、何婷婷、李晓悦、张玄、宋思思等在本书编写过程中给予的帮助，以及华东师范大学出版社师文编辑为本书出版所付出的劳动。

黄友初

2024 年 2 月于上海师范大学

目 录

第一章
中学数学教师专业的认识与发展

教师在教育教学实践中扮演着重要的角色,他们既是教育目标的实现者、教学活动的组织者,也是教学方法的探索者。有的教师可以在教育教学中较好地促进学生身心的全面发展,而有的教师只关注学生的学业发展,当然有的教师还会因自己的教学不当对学生的发展起到阻碍作用。之所以会出现这种现象,与教师之中所具有的专业水平存在差异有密切的联系。教师是履行教育教学职责的专业人员,其专业水平对教育教学成效有着重要的影响。无论是职前教师还是在职教师,只有对自身的专业知识和专业水平有较为深入的认识,才能较好地遵循教师专业的发展规律,从而有针对性地提高自己的专业能力。

第一节　中学数学教师专业的认识

一、中学数学教师专业具有动态性

教师专业的动态性并非中学数学教师所独有的,这是各学科、各学段教师都具备的特征。它主要体现在两个方面,一方面是社会发展所带来的外在需求,另一方面是教师自身成长所引起的内在需求。社会发展到不同的阶段对人才的需求是不一样的,教师的专业应该据此做出相应的调整。同时,社会发展会引起教育环境和学生学习方式的较大变化。例如,我们的课堂教学已经从单纯的黑板加粉笔,进入到了信息技术加多媒体的时代;随着手机和电脑的普及,学生的学习方式更加多元。这些都表明,教师的教学理念、教学知识和能力等专业内容都需要与时俱进。在教学实践中,教师的经验会不断积累,专业水平也会相应地提高。但是不同教师的成长速度是不一样的,这些与教师对自身专业的认识、对专业发展的态度,以及教师的专业发展路径是否恰当有着密切的联系。

(一) 教师专业观的演变

1. 知识本位的教师专业观

教育的历史十分悠久,它伴随着人类的出现而出现,因为人们需要向同伴或下一代传授生活知识和技能。这种教与学一般是自发的,是求生本能和群体繁衍的需要,学习的方式大多是观察和模仿,每个有经验的人都可以教别人。随着生产力的发展,生产资料有了富余,社会开始分化,在原始社会末期或奴隶社会早期,也就是进入阶级社会之初,产生了可以用作教育的场所。例如,我国尧舜时期的"庠"、夏朝时期的"序",美索不达米亚的"泥板书舍"和古埃及的"宫廷学校"等,这些场所虽然不是专门用来教育儿童的,但是后来都逐渐演变成了学校。此时的教学工作大多由一些社会官吏或僧侣兼任,教师还不是一个专门的职业,即使有极少数专门从事教育的人,他们的社会地位也十分低下,主要任务是照管儿童与教他们认识文字和计算。例如,在古希腊语中,"教师"一词就是由"教仆"一词演化而来的。"教仆"是指奴隶中一部分专门侍候贵族子女和奴隶主子女上学的人①。进入封建社会后,随着权贵和地主等上层社会人员数量的增加,对教育的需求也随之增多。虽然产生了官学、私塾、教会学校等教育机构,但是专职从事教育的人员仍很少,很多教育职责被神职人员和官员所兼任。因此,这段时期,教师还未能成为一项独立的社会职业,更没有专业发展的概念。

文艺复兴后,西方的资本主义开始萌芽,生产力得到了较大的发展,自然科学取得了较大的进步,工业化开始出现,社会对掌握各项技能的实用型人才提出了需求,教育受到了更多的关注。16世纪,在英国空想社会主义奠基人托马斯·莫尔、德国新教路德宗的马丁·路德和约翰·加尔文相继提出了普及义务教育的主张②后,学校数量得到了飞速的发展。在这种背景下,社会对教师的需求也日益强烈,不仅体现在数量的需求方面,还包括区分学科门类的需求,专门培养教师的学校由此应运而生。1681年法国天主教神甫拉萨尔创立了第一所师资训练学校,标志着世界独立的师范教育的开始。到了19世纪下半叶,严格意义上的学校教育系统在西方逐渐形成③。此时,教师也真正成为一个社会职业。

在这一过程中,对教师的要求逐步具体,教师专业的概念也随之产生。在制度化的教育形成以前,社会对教师专业的要求很低,也没有统一的标准。在早期的欧洲教育中,退伍军人、家庭主妇甚至有一点文字知识的社会闲杂人员都可以充当教师④。在工业化进程中,需要大量具备较好文化素质的人,看得懂文字、能书写,于是当时对教师专业的要求主要体现在知识方面。例如:对于知识性的教育,教师需要知道"是什么";对于技能性的教育,教师需要知道"怎么做"。因此,此时的教师专业几乎等价于教师的知识水平,是知识本位的教师专业观。之所以出现这种现象主要有两个方面的原因:一方面是教师比较紧缺,能较好地具备某一学科知识的教师本来就不多,符合更多要求的教师就更少了;另一方面是知识是实施教育实践的重要载体,教师和学生主要围绕着知识的传授开展教学活动。这也使得在很长一段时间里,人们对教师专业的认识主要体现在知识方面,以知识的丰富程度来衡量教师的专业水平。例如:能不能成为数学教师主要看他学过哪些数学知识,会不会解题,如果他能看得懂数学术语,知道数学符号都表示什么意思,能正确解答对应的数学题目,那么专业水平

① 叶澜.教育学原理[M].北京:人民教育出版社,2007:3.
② 赵厚勰,李贤智.外国教育史教程[M].武汉:华中科技大学出版社,2012:50—59.
③ 蒲蕊.教育学原理[M].武汉:武汉大学出版社,2010:283.
④ 滕大春.美国教育史(第二版)[M].北京:人民教育出版社,2001:55—57.

就够了,可以成为数学教师。

知识本位的教师专业观对教师的专业发展要求也集中在知识方面,尤其是学科知识方面。一些学者对教师的有效教学需要具备哪些学科知识,以及哪些学科知识会对教师的专业活动产生重要影响进行了研究。这些研究目前已取得了一定的成果,特别是在教师的教学行为如何能更好地促进学生的学习方面。例如:有研究发现,教师在课堂教学中聚焦于活动而不是管理、教师能引导学生参与课堂等行为,都可以有效提高学生的学业成就[①]。但是,由于研究方法相对简单,主要采用观察研究,难以了解教师专业的本质,且事实上同样的教学行为也会有着不同的教学目的和教学效果;另外,将学生的学业发展全部归因于教师的知识水平是对教育现象的简单化处理,未能体现教育的复杂性,是很难获得有效解释的。这也导致了一些研究结果与教育现实存在较大的偏离,甚至不同研究的结果会自相矛盾。于是有学者认为,学生的学业成就与教师所学习的知识并没有直接的联系,而是与教师在教学中所体现出来的知识直接相关[②]。例如:一些教师虽然学习了很多高等数学的课程,但是能有效掌握的却不多,而其中能在教学中转化成对中小学数学教学有帮助的知识则更少;还有一些教师虽然知道教学内容的知识本质是什么,知道哪些部分的知识比较难,哪些部分需要重点讲解,但是由于缺乏较好的语言表达能力、教学设计能力和课堂组织能力,也会使课堂的效果大打折扣,难以取得满意的教学效果。在现实教育中,有着同样教育背景的教师,其教学效果却差异较大,这样的现象较为普遍,这种专业水平的差异用单纯的知识差异是无法解释的。

2. 能力本位的教师专业观

随着相关研究的深入,学者们逐渐意识到教师所具备的学科知识是教师实施专业活动的基础,但不是全部,教师还需要知道如何运用知识、如何去教。这首先与教师所具备的知识有关,例如:教师只有知道某道题目有多种解法,他才能从中选择最适合的教授给学生。同时,这还与教师所具备的能力有关,例如:教师语言表达能力较强,教学设计也很有新意,善于运用类比、反比等方式,就可以让学生从已有知识中获得较好的迁移,教学效果也自然较好。其中,教师的知识是内在影响因素,它不仅包括学科知识,也包括学科知识该如何教的知识;而教师的能力是外在影响因素,主要体现在教师所实施的各种教学行为上,这也是教师专业水平的重要表现。由于教师的能力与教师的课堂表现密切相关,对学生学业发展的影响更为直接,因此它逐渐取代了知识,成为衡量教师专业水平的主要标志。

随着社会经济的发展,社会对人才的要求越来越高,进而对教师的要求也从"能教"逐渐提高到"会教",不仅要"教得了",还要"教得好"。这种以能力为本的教师专业观,虽然聚焦

---

① DOYLE W. Paradigms for research on teacher effectiveness[A]// L S. Shulman. ed. review of research in education [C]. Washington, D C: American Educational Research Association, 1977,5:163 - 198.

② BALL D L. The mathematical understandings that prospective teachers bring to teacher education [J]. Elementary School Journal, 1990,90(4):449 - 466.

于教师在实施教育教学中所体现出的综合性能力,但并未否定知识对教师的作用,仍将知识视为影响教师能力的一个重要因素,教师只有对学科知识和教育知识有更多的了解,并以此指导自身的教育教学行为,才能让教学实践更加合理、更为有效。为此,在这个过程中,学者们对教师知识的探索从未停止,对教师有效教学所需要的知识进行了更为细致的分析。但是,相较于知识本位教师专业观,能力本位的教师专业观内涵更加多元,更具动态性,对教育教学的影响更为直接。这些因素都促使了自20世纪70年代开始,教师能力成为了欧美国家教师教育研究领域的热点。美国的"能力本位师范教育""模拟教学""微格教学"等都是强调教师教育中发展教师专业能力的产物①。通过新手教师和专家型教师专业能力的比较,以及教师能力与教师学业成就的相关性分析等研究,学者们对教师有效教学所需要的能力结构有了越来越深刻的认识。到了20世纪后半叶,欧美学者又通过对"好的教学"和"有效教学"的研究来说明教师应该具备的一些教学行为特征,并由此制定相关的教师专业标准②。这种能力既包括可通过反复训练和模仿达到的教学技能,也包括在训练和反思后才能获得的设计教学、组织教学和研究教学等的高级能力。它以教师的自身的基本行为能力为基础,以知识的丰富和内化为指导,以实践训练和反思总结为途径,逐步构建而成。

在中学数学教学中,教师是否能较好地设计教学流程、选择合适的例子、较合理地组织教学内容,以及在课堂教学中能否较好地利用语言表达、多媒体技术和数学演示软件等,都会对学生的数学学习产生较大影响。这些能力中,有教师先天就具备的,也有后天训练而成的,但都以教师已有的数学学科知识、数学教育知识和学生已掌握的数学学习知识为基础。因此,能力为本的教师专业观相比较知识为本的教师专业观更加合理,专业的内涵也更为全面。

3. 素养本位的教师专业观

社会的发展也使教育的内部和外部环境发生了较大的改变,发展学生的核心素养成为社会所关注的焦点和各国教育改革的核心,这是社会发展的必然趋势,也是教育范式转变的必然结果。教育的核心要义是促进人的全面发展,教育培养的人不仅要有知识、有技能,还要有修养、有智慧,是兼具必备品格和关键能力的人才③。在全球化和信息化的社会背景下,知识的获取途径日渐多元,各行业既高度分化又相互融合,只有超越了知识与技能的素养,才能更好地适应变动不居的复杂情境。相较于知识和技能,素养更注重个体的全面发展,更注重内化和养成,具有内在性、统领性、粘连性和终极性等主要特征,是个体成长的内在核心④。因此,社会的发展使得教育体制、教学方式和学习途径都将发生变化,这种变化超越了

① 教育部师范教育司.教师专业化的理论与实践(修订版)[M].北京:人民教育出版社,2003:59.
② 周启加.基础教育英语教师教学能力及其发展研究[M].杭州:浙江大学出版社,2014:16.
③ 黄友初.教师专业素养:内涵、构成要素与提升路径[J].教育科学,2019,35(3):27—34.
④ 杨忠君.试论以"素养"为内核的教师专业成长[J].教育科学,2015,31(4):46—50.

传统课程的范畴,体现了个体全面发展的教育本质观,也凸显了终身学习的教育生态观①。而教育改革的内外一致性决定了基础教育的改革必然会引起教师专业内涵的重构与蜕变。教师是教育教学的主导者,是教育目标的直接实施者,要培养学生适应终身发展和社会发展的必备品格和关键能力,教师首先要具备相应的品格和能力②。

　　这些都表明了能力本位的教师专业观已难以诠释当前教师专业的全部内涵,无论是教师专业发展的社会诉求还是专业价值的自我提升,都需要教师构建与素养教育相适应的专业素养,即素养本位的教师专业观。结合教师专业活动的基本特征和信息化时代的社会背景,可以认为,教师专业素养是教师在先天条件基础上,经历养育、教育和实践等各种后天途径逐步养成的,对教师的教育教学活动有着显著影响的素质和修养,是教师从事符合时代发展的职业活动所需要的各种心理品质的总和③。教师专业素养的内涵既体现了教师专业的基本内容,也彰显了教师专业的时代特色。在纵向上与教师的专业化发展一脉相承,在横向上与素养背景下的教师专业诉求相契合,是教师专业发展的时代产物。这种专业内容的基本特征主要表现为:在内容取向上具有专业性,在价值取向上具有统领性,在组织取向上具有发展性。

　　(1)专业性。教师专业素养的内涵建立在把教师职业视为一种"专业"的基础上,具有较强的职业特殊性和标志性,是教师专业所特有的素养。这种素养仅聚焦在教师的教育活动和教学实践中,并会对教师的教育和教学效果产生显著性影响,而与教师作为普通公民的其他品质没有必然联系。因此,教师专业素养不能简单地称为教师素养,其原因在于后者所涉及的层面较为宽泛,未能彰显教师专业独有的素养品性。教师专业素养的专业性特征,是教师专业本质的重要体现与基本保证。

　　(2)统领性。教师专业素养是教师从事教育教学实践所需要的各种心理品质的总和:既有内在的认知与理念,也有外在的行为与能力;既包括一般教师都应具有的基础性品质,也涵盖具有教师个人特色的专有品质。这种品质不仅综合性强,更是教师各种教育和教学实践活动的指引,它统领着教师知识的发展、能力的提升和理念的更新,统领着教师专业的核心素养与非核心素养之间的协同发展,也统领着教师在实践活动中的各种外显性行为。教师专业素养的统领性特征,是教师专业价值的重要体现。

　　(3)发展性教师专业素养是教师在先天条件的基础上,通过后天的学习、生活和实践逐步形成的,具有一定的稳定性,但同时也具有不完备性和可变性,会随着社会的变革和教师自身素养的变化而逐步调整,从一个稳定体发展到另一个稳定体,不断适应教育的需求和教师个体的变化。这其中,教师自身的内部因素是关键,社会的外部因素是根本,在内部和外部因素的交互影响下,教师的专业素养螺旋式地上升或者下降,形成稳定和变化的统一体。

————————
① 谢维和.谈核心素养的"资格"[J].中国教育学刊,2016(5):3.
② 朱宁波,崔慧丽.新时代背景下教师品质提升的要素和路径选择[J].教育科学,2018,34(6):49—54.
③ 黄友初.教师专业素养:内涵、构成要素与提升路径[J].教育科学,2019,35(3):27—34.

教师专业素养的发展性特征,是教师专业不断发展的着力点,体现了教师专业发展的可行性。对于中学数学教师来说,要在数学教育教学中更好地发展学生的数学素养,这种数学素养不仅体现在学生的学业成就上,也体现在学生能够融会贯通而非机械性地理解数学,能够将数学知识和数学能力学以致用,能够将数学思想和数学方法迁移到其他领域,能够使学生具有较好的数学素养等方面。要做到这些,数学教师需具备相应的专业素养,能较好地理解中学数学知识的内涵和外延,能具备正确的教育观和较强的教学能力,能以数学知识为基础,在教学过程中通过内容的设计、任务的布置并加以恰当的引导,从而促进学生数学素养的发展。

由此可见,社会的发展对教师的专业内涵也提出了新的要求。在信息社会中,知识更迭和文化革新的加剧,新的知识、技术和教育环境对教师的知识、能力和理念提出了新的挑战,迫使教师提升主体观念,树立终身学习的专业发展意识,能主动捕捉时代变革的信息,自觉推动自身的专业发展。在素养教育的背景下,教师的教学理念、知识结构、教学方式和专业发展意识等心理品质都将发生变化,只有超越知识和能力的专业素养才能更好地诠释教师专业的本质内涵。

(二)教师专业发展的长期性

一般来说,在师范教育阶段,随着年级的增加,师范生的教育教学专业水平会逐步提升;在工作阶段,随着教龄的增加,教师的专业水平也会相应地提高。为此,很多学者对教师专业的发展阶段进行了划分。最值得一提的是美国学者富勒,他以教师的关注点为标准,将教师的专业发展分为任教前关注(preteaching concerns)、早期生成关注(early concerns about survival)、教学情境关注(teaching situations concerns)和关注学生(concerns about students)四个阶段,这种专业发展分类虽然还不尽完善,但开创了教师专业发展阶段研究的先河[1]。此后,学者们更多从教师专业活动的角度对专业发展阶段进行划分。例如,有学者将教师的专业发展分为新手型(0—5年)、熟手型(6—15年)和专家型(15年以上)三个阶段[2]。后来虽然有学者将这种划分细致化,但是本质上并无太大区别。例如,有学者将中小学教师的专业发展分为新手型教师(0—5年)、适应型教师(6—10年)、熟手型教师(11—20年)和专家型教师(21年以上)四个阶段[3]。也有学者将教师的专业发展分为初步适应期(第1年)、适应和熟练期(第3—5年)、探索和定位期(第10年左右)、教学成熟期(第15年左右)和专家期(第20年左右)五个阶段[4]。专业发展阶段的划分还有很多,但是其实质基本一致,

① 杨秀玉.教师发展阶段论综述[J].外国教育研究,1999(6):36—41.
② 连榕.新手—熟手—专家型教师心理特征的比较[J].心理学报,2004(1):44—52.
③ 孟繁胜,曲正伟,王芳.不同阶段中小学教师发展需求比较分析[J].东北师大学报(哲学社会科学版),2017(3):151—156.
④ 钟祖荣,张莉娜.教师专业发展阶段的调查研究及其对职后教师教育的启示[J].教师教育研究,2012,24(6):20—25,40.

大多是从新手到胜任进而进入专家阶段,从应对事务性任务到关注自我教学进而到关注学生学习成效等,这也是教师专业发展的基本规律。

但是,每个教师的发展程度是不一样的,并不会因为拥有相同的实践年限而得到相同幅度的专业水平的提升。例如,钟祖荣等学者的调查指出,只有 5.9% 的中小学教师认为以教龄为标准进行专业发展阶段划分是合理的。这表明,教师自身需要不断寻求专业的有效发展。同样接受师范教育或进行教育硕士阶段学习的两个人,撇开自主学习以外,听取同样的课程,进行同样的模拟教学训练,他们获得的感悟和生成也是不同的。有着同样求学经历的两位教师,同时进入学校工作,专业发展的程度也会有很大差异。这其中的影响因素有很多,教师自身是否有强烈的专业发展愿望,方法是否得当,反思是否到位等主观因素最为关键。

初入职场的数学教师,如果教学效果不好,学生反映的意见较多,学校领导和家长还算可以接受,认为新教师出现这些问题是正常的,大家需要有耐心。但是,如果有多年教学经历的教师,把数学课上得很死板,把数学知识传授得很生硬,或者未能准确把握学生的数学基础,课堂教学不能很好地契合学生的数学认知思维,那么无论是同事、领导还是家长都会认为这是不应该的,并对该教师专业水平发展的迟缓表示不满。这些都表明,教师要在职业生涯中获得更大的成功,更好地促进学生的发展,需要积极主动,尽快有效提升自己的专业水平。这不仅是对学生负责,对教师的职业负责,也是对自己的发展负责。

由此可见,中学数学教师的专业发展是一个长期的、永无止境的过程,因为教育教学的问题是无止境的,不同的学生个体需要不同的方式来培养。若从教师的知识与能力、心理发展和职业周期等方面综合分析,则教师的专业发展大致可分为观察阶段、模仿阶段、刻板阶段、经验阶段、胜任阶段、成熟阶段和专家阶段。每个阶段的成长周期因人而异,最关键的是这种成长过程是不间断的。而且,并不是说到了成熟阶段或专家阶段就可以停止自身的提高,这时候教师往往面临着更困难的教学问题、时代发展产生的新问题,并且要起到引领作用,仍然需要不断地学习和发展,因为社会的发展需要教师培养符合发展需求的人才,教育硬件环境的更新需要我们不断去适应,我们面对的学生也肯定和以前大有不同,所以,教师不能用一成不变的方式来实施教育,应该牢固树立专业发展意识,通过不断"充电"适应新环境、解决新问题。尤其是在如今的信息化时代,知识更新的周期短,周围环境的变化快,教育理论也层出不穷,更需要教师投入精力提高自身的专业化水平。在基于素养发展的课程目标下,教师需要随时关注学生的变化、知识的变化、教学环境的变化,以此调整或创建自身的教学知识和教学行为,确保学生必备品格和关键能力的有效发展。这些都表明,教师专业发展具有长期性和连续性,教师应以更有效育人为工作目标,不断地提高自己,学习新的知识,培养新的能力,不断更新观念,这既是学生发展的需要、教育发展的需要,也是社会发展的需要。

二、中学数学教师专业具有相对稳定性

中学数学教师的专业是动态发展着的,具有长期性和终身性,但这并不表示教师专业的发展无章可循,它有着自身的发展规律,一个重要的特征就是其有着相对的稳定性,而且这种稳定性也并非数学教师独有,是各学科教师都具备的特征。聚焦于中学的数学课堂,以课堂教学实践为核心,专业的内容相对稳定。中学数学教师的专业活动主要围绕着中学数学知识的教学展开,通过数学知识的教学,帮助学生更好地发展数学核心素养。在这个过程中,教师和学生是围绕着授受数学知识而展开活动的,那么教师首先需要思考某个新的数学概念、定理和性质是什么,有什么特征,用什么术语表述,用什么符号表征,这个新的知识和学生已有的知识有什么联系,然后思考这个数学知识的教学目的是什么,学生需要掌握该数学知识的哪些方面,到什么程度,在知识的学习过程中还可以培养学生哪些能力,哪些数学思想方法和情感态度可以获得有效提升等。在知道了要教的数学知识"是什么",教学要达到"怎样的目标"以后,教师就需要设计教学过程,实施课堂教学,布置课外学习任务,并对个别学生的数学学习障碍进行辅导等。因此,无论社会发展到哪个时期,教师专业发展到哪个阶段,实施课堂教学所需要的专业知识都是必不可少的,教师专业的内容都是相对稳定的,只是在程度和内涵上会有差异罢了。为此,不同学者分别采用问卷调查[1]、专家访谈调查[2]和开放性问卷调查[3]等方式对教师专业的基本要素进行了探索。调查得到的结果较为一致,认为可从专业知识、专业能力、专业信念和专业品格这四个维度对教师的专业素养进行表征。

(一)数学教师的专业知识

知识是一个复杂的概念,具有较强的内蕴性。基于不同的认识论,会得出不同的知识观,而不同的教师其专业知识观或教师知识观也会导向不同的教学范式。理性主义者认为知识是客观存在的,是理性推演的结果;经验主义者认为知识与个体有关,是个体经验的结果;实用主义者认为知识是有机体适应环境刺激而做出探究的结果,是一种行动的工具;而激进建构主义者则认为知识在本质上是被创造的,而不是被发现的,是人脑内部主观创造的结果,不是对客观事物的反映。这些诠释从不同角度揭示知识的本质,虽然还没有确定性的结论,但是并不影响对教师知识的探索。学者们对教师有效教学需要具备哪些知识进行了分析,尽管有很多种分类,但是差异不大,基本上都认同学科知识和学科教育知识均会对教师的教学产生重要影响。

对于中学数学教师来说,熟悉教学知识点,不但要能正确理解、准确表述数学知识,还要能求解、证明、运用数学知识。这些是最为基本的知识要求,最好还要对所教知识点有更深

① 张翠平,马娜,王文静.我国小学英语教师专业素养量表编制[J].教师教育研究,2016,28(1):75—82.
② 周九诗,鲍建生.中小学专家型数学教师素养实证研究[J].数学教育学报,2018,27(5):83—87.
③ 黄友初.教师专业素养内涵结构和群体认同差异的调查研究[J].湖南师范大学教育科学学报,2019,18(1):95—101.

入的分析与了解。例如：某知识点与其他数学知识点之间有着怎样的联系？在知识网络或图谱中它处于什么位置？它的前置知识和后续知识分别是什么？从哪个知识点过渡在逻辑上会更自然？它与其他学科的知识有哪些联系？该知识点是如何发展变化而来的，有哪些相关的文化背景资料？数学课程标准中对该知识点有哪些要求？教材中常见的知识呈现形式是怎样的？教材习题和考试中的常见题型有哪些、难度大致如何？等等。这些都属于学科知识的范畴，对它们的了解程度决定了教师的教学流畅程度和教学的深度。在"怎么教"方面，有部分知识与学科知识相关，例如所教知识点与其他知识的联系性，课程标准对该教学知识点的基本要求等，但是大部分知识属于教育学和心理学的范畴，例如各个年龄段学生的心理特点，常见的数学教学方法及其优缺点，教学设计、教学软件和教育信息技术等方面的工具性知识等。

　　根据文献分析结合对教师开放性调查的结果，可将中学数学教师的知识归结为基础性知识、关联性知识和教育性知识这三种。其中，基础性知识主要指数学学科知识的范畴，是教师所具备的知识基础，直接决定了教师能否胜任教学工作；关联性知识是教师专业水平的重要表现，要求教师对与教学知识点相关的数学学科内外知识都有较为清晰深刻的理解，既包括数学知识也包括其他学科知识，以及数学教学知识；教育性知识是教师能否根据学生的数学认知规律进行有效教学的关键，教师应掌握各种数学教学方法的知识、教学设计的知识和运用教育信息技术等方面的知识。

1. 数学教师的基础性知识

　　数学教师的基础性知识是指数学教师对所教学的知识点的学科逻辑的掌握情况，主要体现在数学知识的学理性理解和解答性应用两个方面。学理性理解主要指教师能准确地理解教学知识点，会正确表征和表达，没有知识性错误，可称为教师的数学基本概念和性质知识；解答性应用主要指教师能正确运算、证明和解答相关的试题，可称为教师的数学基本推理和论证知识。基础性知识是数学教师知识的最基本要求，如果不具备基础性知识，是无法实施相应数学知识点的教学的。

2. 数学教师的关联性知识

　　数学教师的关联性知识是数学教师应具有的最为关键的知识，主要包括数学知识点内外部的关联性知识、数学课程标准中与教学知识点有关的知识和数学教材中各知识点之间的关联知识等三个部分。教师需要对数学知识有较为深刻、广泛的认识，能在大脑中构建数学知识图谱，如了解教学知识的发展历程，熟悉数学知识点与学科内外其他知识的联系，即对所要教学的数学知识能够融会贯通，这是教师在教学中能否将新知识与学生已有知识建立有效连接，能否旁征博引，多角度分析数学知识的前提；教师还需要了解教学知识点在数学课程标准中的具体要求，以熟悉教学中要将知识点讲授到何种难度；此外，教师也要明确知道数学知识的内容和习题在不同版本教材中是如何编排的，难度设置又如何等，这对教师更好地理解数学知识的教学逻辑有很大帮助。

3. 数学教师的教育性知识

如果说以上两者更多地属于学科知识的范畴，那么数学教师的教育性知识则更多地属于教学知识的范畴，是教师实施有效教学应具备的知识。数学教师的教育性知识主要包括有关学生的知识、有关教育教学的知识，以及有关教育教学工具的知识三个部分。具备教育性知识的教师能较为准确地把握学生已有的数学知识基础和学生所处年龄段的学习特征，能判断出学生在数学学习中的重点和难点，能针对不同类型的数学知识，根据熟悉的适合教学数学知识的教育学和心理学等教育理论性知识采取恰当的教育教学方式。此外，教师还需要具备与撰写教学设计、运用教育信息技术等相关的工具性知识。

综上，数学教师专业知识的内涵结构如表1-1所示。

表1-1 数学教师专业知识的内涵结构

一维要素	二维要素	具体内容
基础性知识	数学基本概念和性质知识	能准确理解、表征和表达
	数学基本推理和论证知识	能正确运算、证明和解答
关联性知识	数学知识点内外部的关联性知识	知晓数学知识点之间的联系、数学知识点与其他学科知识点的联系，了解数学知识的发展历程
	数学课程标准中与数学知识点的关联性知识	知晓数学知识点在课程标准中的具体内容、难度和教学要求
	数学教材中各知识点之间的关联性知识	知晓数学知识、例题和习题等在各版本教材中的设计与组织
教育性知识	关于学生数学学习的知识	能准确判断学生的知识基础与学习特征
	关于数学教育理论的知识	与知识点有关的教育学和心理学知识，能正确判断不同类型的数学知识适合的教育教学方式
	关于数学教学工具的知识	能正确运用有关教学设计、运用教育信息技术等的知识

（二）数学教师的专业能力

能力是一个抽象的概念，目前尚没有一个公认的、明确的、合理的界定，因此，学界普遍对于什么是教师专业能力或者什么是教师能力也还没有达成共识，在一些学者的研究中有用到教师胜任力、教师技能、教学能力等表达。还有一些学者从心理学角度诠释能力的内涵。例如，有学者认为，能力是以人的一定生理和心理素质为基础，在认识和实践过程中形成、发展并能表现出来的能动力量，它是体力和智力的有机结合，是物质和精神的动态统一①。《中国大百科全书》中的描述是,能力是掌握和运用知识技能的条件并决定活动效率的一种个性心理特征。因此,可以认为教师专业能力是指教师以生理和心理素质为基础,在认识和实践过程中形成的能对教育教学实践产生直接影响的行动力。在国外,教师能力常用 teacher competences、teacher capacities、teacher abilities、teacher proficiencies、teacher faculties 等词汇表达,其中最为常见的是 teacher competences、teacher capacities 与 teacher abilities。

国内外教师专业能力的构成有类似之处,也有不同的地方。例如,都比较强调教师的教学技能、沟通合作和个人反思,但是国外教师更注重课堂环境的创设和班级管理,而我国教师相对更重视学科能力、教学设计和教学研究。这种差异性与国内外的社会文化、教育目标和教学方式等的差异是有直接联系的。

综上所述,本书将数学教师的专业能力归结为实施教学能力、设计教学能力和自我提升能力三个方面。其中,实施教学能力主要体现在教学行为方面,是教师能否胜任课堂教学的关键能力,也是教师应该具备的最基本能力;设计教学能力是教师能否实施恰当教学的前提,需要教师根据教学内容和学生基础,设计恰当合理的教学过程;自我提升能力是教师成长所必须具备的能力,更是新手教师成长为专家型教师的关键性能力。

1. 实施教学能力

实施教学能力是数学教师需要具备的最基本能力,是外在的、可直接观察到的能力,主要包括课堂教学的语言表达能力(语速、语态、节奏)、表情神态管理能力(表情的类型、表情反馈的时机)和动作反应能力(板书和课堂演示能力、课堂反应和组织能力)三个方面。

2. 设计教学能力

实施教学主要体现在行为上,而如何实施取决于教师对教学的设计。要设计好数学教学,需要注意:①教师要具备教学内容分析能力,在教学实践中,教师要分析教材,领悟教材所要传递的教学内容,必要时还需对不同版本的数学教材进行比较,对数学课程标准中相关内容的要求进行解读;②教师要具备学情分析能力,能精准分析学生的知识基础和思维特征,从而拟定知识点的教学目标;③教师要具备组织教学能力,能在教学目标的指导下,根据教学内容和学生特征组织安排好教学顺序。

3. 自我提升能力

教师专业能力对教师的课堂教学有着直接的影响,教师在教学实践过程中会收获很多感悟,也会面临各种问题,这些感悟能否上升为经验,面临的问题能否获得突破和解决,对教师专业发展有着重要的影响。教学实践表明,不同教师的专业发展速度是不一样的,这其中的一个重要因素就是教师的自我提升能力存在差异,主要包括教学研究能力、教学反思能力

---

① 罗树华,李洪珍.教师能力学(修订本)[M].济南:山东教育出版社,2000:8.

和观摩学习能力方面的差异。

综上,数学教师专业能力的内涵结构如表1-2所示。

表1-2 数学教师专业能力的内涵结构

一维要素	二维要素	具体内容
实施教学能力	语言表达能力	语速、语态、节奏等语言性能力
	表情神态管理能力	表情的类型、表情反馈的时机等能力
	动作反应能力	板书和课堂演示能力、课堂反应和组织能力
设计教学能力	内容分析能力	分析教学内容和解读课程标准的能力
	学情分析能力	分析学生的知识基础和认知思维特征的能力
	组织教学能力	设计能有效落实教学目标的教学过程的能力
自我提升能力	教学研究能力	对教学问题进行研究的能力
	教学反思能力	在实践和学习中不断反思并获得感悟的能力
	观摩学习能力	努力学习,以期获得有效提升的能力

(三) 数学教师的专业信念

教师在学习、生活和工作过程中,在知识的认识、知识的教学和学生的教育等方面会逐渐形成自己的理解和看法,这也被称为教师专业信念或教师信念,它会在很大程度上影响教师的教育教学工作。例如:如果教师认为数学学习主要靠熟练地做题,那么在教学中他就会较多地强调解题训练;如果教师认为数学学习的关键在于对数学知识的理解,那么在教学中他就会比较重视概念的教学;等等。尽管从社会学和心理学等不同角度,国内外学者给出了不同的信念的定义,但是对其本质的认识较为一致,均认为信念指的是个人所拥有的,且不易被察觉的,相对稳定的关于自然和社会的一些基本观点、思想等坚定不移的看法或观念。教师专业信念是教师对于学生的教育、学科的教与学,以及知识本身所持有的基本观点和基本态度,它是教师在学习、生活和从事教育教学过程中逐步形成的,对教师的教学行为有着重要的影响。教师专业信念具有个体性、情境性和相对稳定性,它会随着教师认知和非认知因素的变化而逐步发生改变。

根据文献分析结合对教师开放性调查的结果,可将数学教师的专业信念归结为数学知识信念、数学教学信念和数学教师的自我信念三个方面。其中,数学知识信念主要指教师对数学学科知识的认识,例如对于数学知识的性质和来源,教师是持经验主义知识观、理性主义知识观、实用主义知识观、逻辑主义知识观,还是后现代知识观,教师对数学知识的不同认识,就会形成不同的数学学科知识信念,进而影响到个人的教学理念和教学行为;数学教学信念主要指教师对数学的教与学所持的基本观点,例如教师对行为主义、认知主义、人本主义、建构主义和情境认知主义等理论下的教学观及学习观持何种态度,有怎样的认识等,这是影响教师教学行为非常重要的信念;数学教师的自我信念主要指教师对自己职业的认同、对自己职业的自信程度、自我效能感和归因类型等内容,是教师专业发展内驱力的重要来源。在这三种信念中,数学知识信念与知识的联系最为紧密,数学教学信念次之,而数学教师的自我信念与情感的联系较为紧密。

值得一提的是,教师专业信念是教师所秉持的观点,它与教师的专业品格、专业能力和专业知识等专业素养不同,并不存在最低要求或最基本条件,只有合适与不合适的说法。为此,有学者根据不同的信念倾向,从传统到现代将数学知识信念和数学教学信念分别划分为五种类型。其中,数学知识信念分别为二元绝对论、多元绝对论、分离性相对绝对论、联系性相对绝对论和相对可误论;数学教学信念分别为行为主义、认知主义、信息加工建构主义、个人建构主义和社会建构主义[①]。在数学教师的自我信念方面,可从消极到积极对其进行分类。数学教师专业信念的具体结构内涵可简述如下。

1. 数学知识信念

教师的数学知识信念指教师对数学知识的认识和所秉持的观点,主要包括教师对数学知识范畴、数学知识性质、数学知识价值和数学知识结构的信念四个部分。其中,数学知识范畴包含两层含义,一是对数学知识本质的认识,二是对数学知识来源的认识;数学知识性质指人们对数学知识真理性的判断;数学知识价值指人们对数学知识价值的判断,包括强调知识的价值在于为社会服务和为育人服务两个方面;数学知识结构包含两层含义,一是知识之间、知识与生活之间是相互联系的还是相互分离的,二是除了显性知识外是否还有隐性知识。

2. 数学教学信念

数学教学信念指教师拥有的与数学的教与学有关的信念,包括数学教育信念、数学课堂教学信念和数学学习信念三个部分。其中,数学教育信念主要指教师的教育理念和数学教育观;数学课堂教学信念主要指教师对数学教学本质和目的、对数学教材操作以及对学生数学学习的认识;数学学习信念主要指对学生数学学习过程、数学学习归因和学生数学发展的认识。数学教学信念是教师信念的核心,对教师的教学行为有着直接而强烈的影响。

3. 数学教师的自我信念

数学教师的自我信念指数学教师对自身定位和发展方面的信念,主要包括数学教师的职业认识、归因类型和自我效能感三个部分。积极的自我信念是教师专业发展动力的源泉,会让教师对工作充满热情,对职业有信心,并积极做好自己在教学中的工作;相反,消极的自

① 喻平.教学认识信念研究[M].北京:科学出版社,2016:54—59.

我信念将阻碍教师的专业发展,不利于学生数学素养的培育。

综上,数学教师专业信念的内涵结构如表1-3所示。

表1-3 数学教师专业信念的内涵结构

一维要素	二维要素	具体内容
数学知识信念	数学知识范畴	客观认识论与主观认识论
	数学知识性质	绝对主义与可误主义,理性主义与经验主义
	数学知识价值	社会性与育人性,功利性与认知性,工具性与训练性
	数学知识结构	联系性与孤立性,外显性与内隐性
数学教学信念	数学教育信念	对数学教育目的的认识
	数学课堂教学信念	对数学教学本质与过程的认识,对数学教学操作的认识
	数学学习信念	对数学学习过程的认识,对数学学习结果归因的认识,对学生数学发展的认识
数学教师的自我信念	职业认识	对数学教师职业的认识、对职业发展前景的判断和对工作的自信心
	归因类型	对教育教学工作成功与失败的归因
	自我效能	教师对自身教育能力与影响力的自我判断、信念与感受

(四) 数学教师的专业品格

无论是东方还是西方,在传统的人才标准中,人们都将高尚的道德品性列为第一位的尺度,是人才的首要标准[1]。教师主要从事育人的工作,学生的成长不仅包括知识和能力的积累,还包括道德品质的养成,这对教师的道德品质和职业情怀都提出了要求,在某种程度上可以认为是教师专业的首要因素,因为专业品格较高的教师,热爱着教育事业,哪怕在某些方面较为薄弱也会有很强的动力去提升自己。教师的专业品格虽然是隐性的,但却会对学生产生潜移默化的影响。应该看到,任何学科的教学都不是仅仅让学生获得学科的若干知识、技能和能力,而是要同时指向人的精神、思想情感、思维方式、生活方式和价值观的生成与提升,这些都离不开具有良好教育情怀、道德修养和人格品质的教师。因此,可以说,专业品格对教育的影响是最为关键的。

专业品格是教师在生活实践中养成的教育态度、职业情感、道德认知、道德行为和个性品质,是一种较为稳定的心理特征。它既包括作为社会公民的普遍性道德要求,也包括从事教师职业所需要的情感态度和道德品质,还包括行为个体积极向上的个性品质。

教师的专业品格不仅体现为教师外显的行为规范,也包含教师内在的道德品质和情操。

---

① 林崇德.21世纪学生发展核心素养研究[M].北京:北京师范大学出版社,2016:3.

无论在行为方面还是在品性方面,教师品德既需要有底线,又需要有较高的追求,这也被称为"底线师德"和"师德崇高"①。为此,结合对教师开放性调查的结果,可将数学教师专业品格的内涵结构,从低到高分为公民品德、教育情怀和人格品质三个部分。数学教师专业品格的具体内涵可简述如下。

1. 公民品德

公民品德指数学教师作为普通公民所应具备的基本品德,可概括为思想政治和遵纪守法两个子要素,要求数学教师有较高的思想政治觉悟,爱国爱党,具有正确的价值观,不做违法乱纪的事情。这可视为教师专业品格的底线,是原则性的要求,只有具备一个合格公民应有的道德品质才能胜任育人的职业。

2. 教育情怀

教育情怀指数学教师从事本职工作所应具备的道德品质,可概括为职业认同和关爱学生两个子要素,要求教师对自身的职业有较高的认同,关爱学生,能在行为上为人师表,发挥良好的示范作用。这可视为教师职业所特有的道德规范,既有自觉性也有一定的约束性,是规范性品格。

3. 人格品质

人格品质指数学教师为了更好地履行本职工作所体现出的勤奋好学、有毅力、有耐心、有较强的自我约束力等优良品质,可概括为勤奋好学和自我约束两个子要素。这可视为教师专业发展所应具备的良好品性,既是教师实现自我职业理想的保障,又对周围的同事和学生具有较强的品格示范作用,是理想性品格。

综上,数学教师专业品格的内涵结构如表1-4所示。

表1-4　数学教师专业品格的内涵结构

一维要素	二维要素	具体内容
公民品德	思想政治	思想政治觉悟高,爱国爱党,具有正确的价值观
	遵纪守法	遵守国家、社会和学校的各项规章制度,不做违法乱纪的事情
教育情怀	职业认同	热爱数学教师职业,有饱满的工作热情,有高度的敬业心,在行为上为人师表
	关爱学生	在数学课堂内外都能关心和爱护学生,以学生的全面发展为工作的中心
人格品质	勤奋好学	在数学教学工作与自身的专业发展过程中,不断努力、终身学习
	自我约束	能抵制各种不良诱惑,在工作中有毅力、有耐心、有牺牲精神

① 李敏,檀传宝.师德崇高性与底线师德[J].课程·教材·教法,2008(6):74—78.

由此可见，教师从事本职工作所应具备的专业素养主要可归纳为专业知识、专业能力、专业信念和专业品格这四个方面，中学数学教师也一样，要想从事好本职工作需要从这四个方面进行提高。其中，专业知识和专业能力相对具体，教师比较容易感知；而专业信念和专业品格对教师的影响相对内在，是潜移默化的，比较容易被教师忽略。其实，这四个方面的专业素养对教师的专业实践活动都十分重要，知识和能力是显而易见的，不知道和不会做，肯定没法开展专业活动或者教学效果不好；而如果教师的数学教育信念与学生的发展成效不匹配，或者教师对职业的热爱程度较低，那么他们也很难在教学中全身心地投入，难以有效发展学生的数学素养。

第二节 中学数学教师专业的发展

中学数学教师的专业发展是不断积累而成的，并不是一朝一夕就能达到，而且每一个人的发展速度是不一样的，同一个人不同类型的专业发展程度也是不一样的。教师专业具有一定的稳定性，往往在短期内比较难以看出成效，教师需要有足够的耐心，要相信付出必定会有收获。

一、不同阶段的经历对教师专业发展的影响程度存在差异

教师专业具有较强的综合性，学习、生活和工作中的感悟都能迁移到该专业中，可以说不同人生阶段的经历都会对教师的专业发展产生影响，但影响程度会存在较大差异。

（一）不同阶段的经历对教师专业发展的影响

在中学数学教师的成长过程中，不同阶段的经历对其专业发展多少都会产生影响，这些经历大致可分为学生经验、职前教育、在职教育和在职经验这四个阶段。学生经验指教师自己在中小学学习期间，作为学生听数学课时的感受。这个时期虽然距离教师从事本职工作有一段时间，但是中小学有 12 年的时间，这个经历比较长，在这个过程中如果哪个数学教师给其留下深刻印象，那么在其成为教师后也会不自觉地模仿他。职前教育指教师在入职前接受师范教育或者作为教育类研究生学习的经历，这个时期的学习具有较强的针对性，知道自己毕业后将从事中学数学教师职业，在此期间会为该职业的顺利开展做好各种专业准备。在职教育指教师在入职后参加的各种教研活动和讲座培训等集体性教育活动，有一些是自发参加的，有一些是规定性的，无论何种，其间的专业发展活动与中学数学教师的教学实践都有着比较紧密的联系。在职经验指教师的中学数学教育教学实践历练，主要是课堂教学实践经验的积累，也包括对学生的个别辅导，以及教师自发的学习活动。

调查表明，学生经验、职前教育、在职教育和在职经验这四个阶段对教师的专业发展都有显著影响，皮尔逊相关系数都在 0.825 及以上。但是，在影响程度方面存在较大差异，在职

教育和在职经验对教师专业发展的影响明显高于学生经验和职前教育。尤其是在职经验的积累,对教师专业知识、专业能力、专业信念和专业品格的影响都位居首位。值得一提的是,学生经验对教师专业品格的影响位居次位。这表明,教师自己在中小学学习期间对授课教师的观察会对其今后是否选择教师职业,能否投入较高的职业热情产生重要影响。

研究发现,不同阶段的经历对教师专业发展的影响不存在性别差异,也不存在教龄差异。但是,在不同教龄教师中可以发现,在刚入职的前几年里,教师的专业得到了较快的发展,而在工作若干年后(一般是5—10年),专业提升的幅度比较有限,职业的新鲜感逐渐消失,重复性的工作导致倦怠感随之产生,工作动力不足,影响了专业活动的成效。为此,教师和教育管理者可以从以下两个方面入手解决:一方面,教师要意识到出现这种现象是十分正常的,也并非教师职业独有,但是这种现象无论对教师的专业发展还是对学生的成长都是不利的,应该尽量避免,当出现这种想法时教师要尽量克服,要在教育教学中寻找新的兴趣点和注意点;另一方面,教育管理者要创造条件,从人文角度关怀教师,让教师既能获得较好的成功体验,又能获得针对性的专业提升机会,同时教师自身也要做好自己心态的调整,从学生的发展中找到工作的价值所在,从钻研中获得专业提升的突破。应该看到,并非每个教师的成长速度都是一样的,也并非每一个熟手型教师都能成为专家型教师,事实上那些能成为专家型教师的人一般都会具备热爱职业、刻苦努力、能用心钻研、静得下心学习、能做到理论和实践相结合等优良品质。为此,教师的专业发展需要教师牢固树立专业发展意识,在工作中充满热情,富有创造力,能积极学习,不断突破自我。

(二) 职前教师要具备较强的学习主动性

一般来说,在中学数学教师的职前教育中都会开设数学学科类课程、数学教育类课程、教育学类课程和心理学类课程等,这些课程具有较强的知识性,与中学教育也相关,通常被认为会对教师的专业知识产生较大影响。但是,调查结果表明并非如此。教师认为在职经验和在职教育对其专业知识的影响才最大。通过访谈发现,主要原因在于教师教育中的各类课程都具有较强的理论性,倘若在教学中未能有效转化为教学实践所需要的知识,对教师的专业发展的帮助就有限。例如:教育学类和心理学类知识对于中学数学职前教师理解数学教学和学生数学发展都很有帮助,但是如果仅仅停留在知识的记忆层面,未能将其与中学数学教育教学建立起联系,就难以有效理解和内化;高等数学类课程对中学数学职前教师从高观点审视初等数学有很大帮助,但是如果未能将高等数学中的思想方法或知识本质与中学数学知识建立联结,对职前教师来说也是没有实质性意义的。其实,有关初等数学的发展历史、中学数学各知识点之间的联系,以及中学生在数学学习中的常见错误等知识,对中学数学教师的教学和实践性知识生成都有较大影响,但是目前在高等师范院校中开设此类课程的并不多。

中学数学职前教师教育的课程要取得较好的教学效果,不仅开设的课程内容要适合中学数学教学,授课教师自身还要对其有较为深入的了解,尤其是要能够很好地将课程知识与中学数学教学结合起来,这样才能在教育教学中更好地帮助职前教师学习和感悟。但是,受到各方面因素影响,如相应师资缺乏、科研考核等因素限制了授课教师的投入等,教师教育课程的授课教师投入不够。造成这种局面的因素有很多,改变需要一个过程,为此师范生和教育类研究生在学习期间,要有较强主动性,树立积极的专业发展意识。在各类课程的学习过程中,要有联系性视角和转化意识,能通过自主的查阅和分析,对中学数学教育教学知识的本质内涵、相互之间的联系,初等数学与高等数学相关知识的联系,以及初等数学知识在自然科学和社会科学中的应用等都有较为深入和全面的了解。

研究发现,职前数学教师和新手数学教师在专业发展方面还存在若干不足,主要体现在以下四个方面。

1. 对数学知识的学科本质还缺乏理解

通过与若干数学特级教师的访谈发现,目前的新手数学教师对数学知识本质的理解还较为缺乏。他们虽然能解题,但是掌握的数学知识更多是碎片化的,没能从知识体系角度认识数学,缺乏对知识点背后数学思想方法的了解,也缺乏对数学知识发展脉络的了解等。中学数学知识看似简单,但是对浅显知识背后本质的揭示,往往需要进行深入的探究。其实,越是简单的数学知识往往越不容易教好,因为这需要教师准确把握学生的思维特征和认知水平,教师只有通过让学生探究才能帮助他们获得相关知识,而不是凭借自身的经验和理解来教学。

很多新手教师在教学时往往依据教材和教学参考书,虽然这两者都是给教师参考用的,但并不能完全照搬照抄。教师应该具备驾驭教材的能力,在理解的基础上根据学生的基础,合理使用教材。由于容量的限制,无论是教材还是教学参考书,其对于教学知识的分析都是概要性的,对于教学知识的学科特征和知识联系阐述得不会太多,对于教学知识与学生认知的分析则会更少。因此,中学数学职前教师在学校学习期间,就要形成对中学数学知识学科本质的探究意识。如果学校设置有相应课程是最好的,如果没有相应课程,职前教师在模拟上课或撰写有关作业时,应主动去搜索、学习并掌握,深入探究学科知识之间的联系、发展的历史进程等。从个别数学知识点开始,对其进行较为细致的探究。这既可以找到适合自己的学习方式,也能以点带面,逐步丰富对中学数学知识的了解。教师只有对所教学的知识点有深入的了解,才能在设计和实施教学时做出合理的选择,以更有效地促进学生数学核心素养的发展。

2. 数学教学方式较为单一,应试倾向明显

从课堂观察和对一些教师的访谈中可以发现,数学新手教师在课堂教学中,教学方式还较为单一。或许是自信程度不够,所设计的教学内容和教学过程与教材"高度一致",创造力和针对性都有欠缺。除此之外,教师在教学中较为拘谨,不能放开,与学生的有效互动不多,

开放性的提问更少,担心放开后收不回来,导致了故步自封,不求有功但求无过;教学过程"以我为主",准备什么就教什么,应变不足;教学内容具有较强的知识性和较强的应试教育倾向。

应该看到,倘若让教师在数学教学中完全不考虑学生的考试成绩是不现实的,但是这并不意味着数学学习就是应试教育,就是数学知识的记忆和数学解题训练。数学教学应该以学生的数学核心素养发展为目标,更多聚焦学生的思维发展方面。这需要以数学知识的理解为基础,教师在教学中应思考怎么才能帮助学生更好地理解知识,这种理解一般要经历一定的思考过程,并不是教师告诉学生该知识点的应然为何,然后通过训练让学生自己领悟。这种教学方式过于"简单粗暴",学生也并不能理解数学的真谛。教师以为几分钟就让学生知道了"这是什么"或者"该怎么做"是很高效的教学,实则违背了教学的规律和学生发展的规律。一般来说,知道得越快,忘记得也会越快,虽然讲授、探究和分析占用了较多的教学时间,但如果能引起学生的认知冲突,并得到较好的解决,反而会让学生更好地理解知识、掌握知识,并能灵活运用。这就要求教师需要在课堂教学中更多地突出学生的主体性地位,通过创设情境或者提问,引发学生思考。教师不应该什么都自己说,把过程和结果全告诉学生,这样学数学就变成背诵和做题了。

例如,在"二面角"的教学中,教师可以直接告诉学生两个相交平面中怎样的角才能称为二面角,然后让学生练习。然而这种教学十分直接,就是比较典型的"记忆＋练习"的教学方式,学生或许记得快,但是理解不深,忘记得也会比较快。如果让学生观察,鼓励学生说出要怎么绘制才合理,甚至可以比较几种方案,然后得出做垂线后形成夹角,这样更合理,并可以逐步引导学生在直角三角形中求解该夹角。在这个过程中的提问,既引发学生思考,也对学生的错误理解进行分析,这样,学生的理解就会更深刻。为此,在职前教师教育中,准数学教师就要树立正确的数学教育观,要能在教学中通过合理的方式让学生掌握数学知识,促进他们数学素养的发展;新手教师也要充分自信,不要盲目追求"快",从而导致教学方式单一,反而欲速则不达。同时,职前教师要在数学教材教法类课程的学习中,掌握数学教育教学的基本规律,理解学生数学思维发展的基本特征,深刻理解中学数学教学的本质,从而更有效地实施教学。

3. 个别数学教师的教育情怀需进一步提升

在与职前教师和新手教师的接触中发现,部分准教师和新教师对数学教育的热情不高。之所以出现这种情况,主要有两个方面的因素:一是教师这个职业不是自己的选择,而是家长的选择,或者是自己被迫的选择,在工作时更多将其看成是谋生的一种手段,而不是真的喜爱,工作中力求不出错,但缺乏上进心;二是自己对专业水平缺乏自信,上讲台就紧张,不知道该怎么教才合适,对教师职业有种恐惧感。这部分群体人数虽然不多,但对教育的影响却不小。如果将医生和教师相比较,医生的医疗事故是显性的,对病人造成的伤害是身体上直接可见的;而教师的教育事故是隐性的,对学生造成的伤害是心理上的,是不可见的,但对学生的影响很可能是一辈子的,甚至还可能影响到一个家庭。目前,社会呈现出的择校、择班、择师等行为,从一个侧面反映了教师专业素养的差异对社会的影响。

教师要树立正确的专业品格,真正意识到教师职业的重要性。一位优秀的教师,对学生的影响可能是一辈子的。在信息化时代,受商品文化和后现代文化的影响,职前教师或许还缺乏这方面的认识,这对他们的发展是不利的。为此,职前教师要在学习过程中逐步养成教师职业道德,只有在职业规划阶段就树立从事教师职业的愿望,对自己教师生涯有长远的规划,才能更好地激发教师的职业热情。如果教师能发自内心地关爱学生、热爱事业,他必然会主动提升自己的专业水平,从学生生命成长的高度来设计每一堂课,为了学生的发展而教,课堂教学效果也必将逐步提升。一旦在职业中获得了成功的喜悦,教师就会有更大的动力投入到教育实践活动中,也会自觉提高自己的专业水平,从而进入良性循环。

4. 部分年轻教师的沟通交流能力和多学科整合能力还有待提高

各种渠道的反馈表明,目前部分新入职的教师在沟通交流能力方面还存在欠缺,不仅缺乏沟通的技巧,也缺乏与同事、家长和学生交流的耐心。调查显示,如果职前教师在大学就读期间担任过学生或社团干部,那么其沟通交流的能力就会强一些。为此,职前教师应该加强这方面能力的培养。除此之外,目前的中小学还希望新入职的教师能具备熟练使用教育技术的能力,具备拓展型课程开发与实施的能力(尤其是 STEM 方面),具备参与学校新闻报道(微信、微博)等方面的能力,等等。这些都是新时代背景下对教师专业素养的需求,在职前教师教育中有必要开设一些对应的选修课程,培养职前数学教师的综合实践能力。

教育研究表明,真实的课堂教学实践对教师专业的发展最为有效,但是在职前教育期间,这种机会是很难获得的。除了有效利用实习和见习等真实场域的实践机会以外,职前教师应该退而求其次,在学校学习期间,重视微格教学或类似课程的模拟训练。比如,以数学知识点有效教学的训练为核心,在模拟授课前认真备课,在授课后虚心听取意见,并对教学视频进行细致的分析,做出相应调整后也可以再次模拟训练,直到满意为止。这种不断的模拟实践和研讨改进的专业发展模式,是职前教师教育中比较可行,也比较有效的方式。它不仅可以帮助职前教师较好地提升自身的教学设计能力和教学行为能力,对相关数学知识点有效教学所需要的知识可以有较为全面和深入的了解,也能帮助他们树立更为科学的数学教育观。在教师的专业知识和专业能力得到有效发展后,教师在进行教育教学实践活动时会更有自信,在一定程度上也能够提升教师的教育情怀。

教师专业具有较强的具身性,需要亲身实践后才能有效内化,单纯听别人讲课,看别人的课堂教学,收获是有限的。有部分职前教师对模拟教学实践缺乏应有的态度,或者持续热情不够,这些都是不足取的。教师专业的有效发展不是短期就能见效的,需要不断地学习、尝试、思考和打磨,不断积累才有可能从量变到质变。职前教师应该保持耐心,在学习中要积极主动,只有认真对待每次训练,才能获得更深的感悟。很轻易就达成的专业发展,往往不是最珍贵的,那些花精力探索才能得来的,往往更有价值。

二、不同路径对教师专业发展的影响程度存在差异

教师专业发展的方式有很多,大致可分为实践训练、课堂观摩、文献学习、听专家讲座、教研活动等,不同的方式对教师专业发展的影响是不一样的。职前教师和在职教师有效的专业发展方式,既有共性,也有差异。

(一) 职前教师和在职教师有效专业发展路径的差异之处

职前教师的专业发展主要依赖于各种课程的学习,在专业发展中相对被动,专业发展的程度既受到所开设课程内容的影响,也受到高师院校授课教师专业水平的影响。如果对课程内容感兴趣,授课教师的水平较高,教学方式也适合自己学习,那么职前教师肯定会有较大收获。但是,如果对课程内容不喜欢,或者感觉用处不大,或者觉得授课教师的讲课方式不适合自己,那么职前教师也不能用消极的态度来应对。主要原因有两个:一是师范类院校的课程不是随意设置的,这些课程都经过严格的论证,有较强的目的和逻辑联系,都是以职前教师专业有效发展为目标的。至于一些课程会被职前教师认为收获不大,可能是因为这些课程的内容与中学数学教学是间接相关的,事实上并非课程内容没有用处,而是要经过深入学习将其与中学数学建立起有效联结,有的甚至还要到将来工作后才会有较深的体会,这种感知存在滞后性。二是专业发展对职前教师自身的影响最大,如果不以积极的态度来学习的话,那么自己受到的损失也是最大的。无论是觉得课程内容没有用,或者授课教师的教学方式可能不适合自己,职前教师都要自己调整好心态。如果能从课程的学习中获得有价值的感悟是最好的,如果不能,就努力改变自己。

一般来说,职前教师(如师范生和教育类研究生)在学校学习的课程体系包括学科类、学科教育类和教育类这三个部分。学科教育类与中学课堂教学关系相对密切,受到欢迎的程度自然高一些,但是学科类课程和教育类课程如果学得不好,学科教育类课程的学习效果也会受到影响。当然,这些课程对职前教师专业发展的影响与授课教师对课程的理解和教学方式有较大的关系。如果教师在授课过程中既有理论高度,又能与中学数学教学相联系,这对职前教师的专业发展会很有帮助。由于职前教师很难有真实场域的教育教学实践机会,可以先在理论学习中做好知识的储备,毕竟工作后很难有这么充裕的时间学习学科知识和教育知识。另外,要认真对待各种模拟教学的训练机会,不要把这样的机会当作是为了完成作业或教师交代的任务,而应该从自己的实际出发,意识到这么做是为了更好地发展自己的专业,这种专业的发展关乎着自己能否在面试中打动对方从而找到满意的工作,能否在将来的职业中取得较好的成就。这种动力对职前教师的专业发展是十分有激励作用的,也是长久的。

对于在职数学教师来说,专业发展的提高方式有很多,主要可归结为教师自主性活动、校内常规性活动、校内临时性活动、校外常规性活动以及校外临时性活动等五个方面。其中,教师自主性活动指在没有明确规定和要求的情况下,中学数学教师为了更好地提升自己,通过自发组织的各种方式,来提高自身的专业化水平。校内常规性活动指为了提高中学数学教师的专业发展水平,学校定期举行的各种各样的校内培训活动、教研活动等。校内临时性活动指为了提高中学数学教师的专业发展水平,学校不定期组织的各类培训或学习活动。校外常规性活动指为了提高中学数学教师的专业发展水平,教育主管部门定期组织的各类常规培训或学习活动以及教研部门(员)定期组织的教研活动等。校外临时性活动指为了提高中学数学教师的专业发展水平,教育主管部门不定期组织的各类临时性培训或学习活动。

调查发现:校内常规性活动的频率和效果都显著高于其他四类专业发展活动;教师自主性活动的频率仅位居第四位,但是效果位居第二位;校内临时性活动的频率虽然还不少,位居第三位,但是效果一般;校内和校外临时性活动的效果较为接近,都显著低于其他三类专业发展活动的效果。教师运用比较频繁且效果也最为显著的三种方式分别是:自发去搜集与所教内容有关的资料、作为新教师参加学校组织的各类学习活动,以及自发与同伴进行教学的交流。

从专业知识发展路径的角度对中学数学教师进行调查发现,教学实践与反思是最为重要的路径,其次是自我学习与反思和集体学习与反思,不同路径对于不同教学知识维度的重要程度有所不同。对于教学内容知识来说,最重要的路径依次是教学实践与反思、自我学习与反思和集体学习与反思;而对教学策略知识来说,最重要的路径依次是教学实践与反思、集体学习与反思和自我学习与反思。这表明,教师教学实践后的反思对教师知识的影响最大,而集体学习与反思对教学策略知识的影响相对较大,自我学习与反思则对教学内容知识的影响相对较大。在最重要的发展途径上达成共识的有四种,包括:教师自身常规教学实践后的反思与体会,同事间教学研讨后的反思与体会,参与数学竞赛类、创新类课程的教学与反思,参与同级数学教师日常教学的集体备课、研讨。仅次于上述四种路径的是观摩性学习,包括观摩专家型教师的教学后的自我反思与体会和观摩同事的教学后的自我反思与体会。另外,阅读数学教育相关的专业期刊及学术著作等,入职前参与、经历各类数学教育实习、见习等,参与同级同类学校间外派、交流或轮岗则是三种较为一般的途径。小学数学教师和中学数学教师在自我学习与反思、集体学习与反思这两个路径方面没有显著性差异,但在教学实践与反思路径方面存在显著性差异,其中中学数学教师采用这种路径更为频繁。

(二) 教学反思是职前教师和在职教师有效专业发展的共同路径

在职前教师和在职教师的专业发展过程中,自身的积极性和主动性都很关键,这是两类教师在专业发展中都应具备的品质。除此之外,方法也很重要,而两者共同的方法就是要学会反思。教师的专业发展不是一个静止、封闭、线性的过程,它具有终身性、动态性和开放性的特点。教师在成长过程中,接受各种教师教育的课时学习毕竟有限,更多的时候需要在教育实践中成长。但是,经历相同教育实践的教师,其专业水平的发展未必相同,这其中的影响因素有很多,能否在实践中开展针对性的反思是关键。只有在实践中不断反思,总结经验,在相互比较中思考自身的不足和优势,才能更好地将所见、所闻的知识及收获内化为自身的专业素养。因此,可以说反思是教师专业发展的动力和基础,是教育实践中专业发展的核心,教师在教学过程中适时反思、合理反思,可以及时发现自己在教育知识、教育理念和实践技能等方面的问题,并寻找对策加以改正,从而不断完善和发展自己。

1. 反思对于教师专业发展重要性的理论基础

建构主义理论认为,个体获得知识与经验的过程是不断顺应和同化的过程。个体运用已有的认知结构解释与整合新的信息,经过长期的知识和经验的积累,逐步形成特定的认知结构,即图式。已经形成的认知图式随着知识和经验的积累会不断发展[①]。在教师专业发展的过程中,知识结构和适应能力也在不断进行建构和再建构。他们通过知识与经验的积累建构起具有个人特色的教学认知图式或心理表象,并将认知图式或心理表象以经验的形式储存在记忆中,成为教师认知结构的主要成分。教师通过建构学习形成的认知图式或心理表象,又反过来指导其教学活动,包括教学的计划、组织与实施,并对教育教学效果产生重要影响。在此过程中,教师的反思起到了关键性作用,通过反思才能将学习和教育实践活动所获得的经验内化为认知,教师反思意识的强弱和反思能力的高低决定了教师专业发展的深度和速度。

由于课堂教学情境具有不确定性,教师知识和经验的积累又存在着个体差异,同时也具有一定的主观性,这种主观性直接影响教师课堂信息感知的准确性。舍恩认为教学活动是一个复杂的、不确定的、不稳定的和存在价值冲突的情境,不可能完全规则化,需要教师在专业实践中用自己的智慧重构教学所需要的专业知识。为此,他还提出了"行动中的反思"和"对行动的反思"两种教学专业知识活动的模式[②]。因此,教师在学习中要反思所学知识、技能与自己的中学数学教育教学观、教学知识和教学能力有着怎样的联系;是全部接受、部分接受还是不接受,为什么会这样。在教学中,要反思所实施的行为与预期的设计存在怎样的差异,为什么会导致这些差异,该如何改进,等等。

教师对课堂教学或课堂模拟教学进行反思,可以在一定程度上描述教学过程中决策的认知过程[③]。反思型教师能够对问题解决过程中教学行为的效果和教师内在的认知加工过程进行有效监控。在面对新异、陌生的情境或制定新的课程计划时,反思型教师能够进行正

---

① 叶浩生.心理学通史(第2版)[M].北京:北京师范大学出版社,2019:274—276.

② SCHON D A. The reflective practitioner [M]. London: Basic Books, 1983:23-69.

③ DEWEY J. Democracy and education: an introduction to the philosophy of education [M]. New York: The Free Press, 1916:1-20.

确的推理、提出问题与假设,并运用长时记忆中的知识和经验对所提的问题与假设进行检验,进而做出尝试性决策;能够通过选择和实施一系列有效的教学方法达到预期的教学目标,并对行为的结果进行反思与评价。此外,斯滕伯格等学者也非常强调经验在教师教学专业发展中的重要性,认为教师的内隐知识在教师专业发展中起着十分重要的作用,教学反思对于教师的教学能力、课堂信息感知以及问题的解决有重要的影响[1]。这些都表明了,反思对教师专业发展具有重要的促进作用。

专家型教师能够迅速通过对教学情境的推理和判断,做出决策或得出正确的结论,其主要原因在于他们已经经过反思获得了更多的认知图式,形成了认知技能的自动化[2]。教师处理课堂情境所需的信息被存储在长时记忆中,与特定情境或问题相关的事实、概念、原理、推论或普遍性规律和经验等一起被组织在一个知识网络,即认知图式中,在认知图式中包含着个体对世界的认识和理解,个体能够在极短的时间内存储和提取认知结构中的信息。从新手教师与专家型教师课堂教学能力发展的角度分析,专家型教师在问题解决的过程中具有丰富的认知图式,这些认知图式和知识经验的积累是通过认知建构的过程形成的,而新手教师的认知图式和相关知识经验的积累则是匮乏的。因此,一般而言,新手教师就不能像专家型教师那样对问题迅速做出判断、决策或得出正确的结论。

专家型教师由于积累了丰富的知识和经验,他们的认知结构中已经形成了针对不同问题的认知技能,当这些认知技能经过长期的运用,不断熟练化和程序化,逐渐达到自动化的水平时,他们面对常规的教学问题就几乎不需要有意识地思考,或者只需要付出很少的意志努力就可以轻松、迅速地做出决策并解决面临的问题。而新手教师由于认知图式没有达到自动化的程度,因此,他们每做一个决策都需进行细致的思考,从而降低了问题解决的效率。事实上,专家型教师在获得这些图式和经验的过程中,不断地进行反思是关键。

2. 教师反思性教育实践的基本路径

反思是教师专业素养发展的重要路径。反思是有一定策略的,教师反思能力的强弱对其专业素养发展的速度有着重要的影响。

(1)教师要具备较强的反思意识。

教师的反思有深度与浅度的区别,也有长期与短期的不同。能做到长期且深入反思的教师,通常具备较强的反思意识,具体包括:

- 教师具备主动思考的素质;
- 教师是在内在教学动机驱动下从事教育教学活动的;
- 教师能够对教学过程中发现的问题进行积极主动的分析和思考;

---

① STERNBERG R J. Ability are forms of developing expertise [J]. Educational Research, 1998,27(3):11 - 20.
② BERLINER D C. The near impossibility of testing for teacher quality [J]. Journal of Teacher Education, 2005,(3): 205 - 213.

- 教师能够积极主动地设置教学目标;
- 教师能够在教学过程中制定有效的计划,并实施教学计划;
- 教师能够对自己的教学活动进行自我监控,并在此基础上对自己的教学进行反思与评价,达到提高和改进教学的目的。

这种反思意识需要教师具备较强的内驱力和持之以恒的毅力,否则就会让反思流于表面,缺乏深度,导致教师的教学知识和教学能力等专业素养提高受限。

(2) 教学反思的内容要具有针对性。

调查显示,很多教师没有从策略者的角度对教学本质进行反思,他们会思考"我该怎样做",但对"我为什么这样做"思考较少[①]。怎样将教师的操作性实践上升为反思性实践,取决于教师反思的深度。教师如果能对问题的本质进行思考,而非仅对现象本身进行思考,那么他们的教学就会更有深度,更具大局观,实践的主动性也更强。因此,从内容角度分析,一般可以从教学的设计、教学的实施和教学的效果这三个方面对教学实践进行反思。

- 教学的设计:主要反思设计的理念是否符合教育的指导方针,是否体现学生数学素养的发展;设计的过程是否符合学生的认知规律,是否符合内容的逻辑顺序;以往的教学不足是否得到了规避;等等。
- 教学的实施:主要反思教学的方法是否得当,教学行为(语言内容、语态、音量、节奏、神态等)是否有值得改进的地方;信息技术和教具的运用是否合适;等等。
- 教学的效果:主要反思预设和生成的差异,课堂气氛和学习效果的差异,教学目标的达成度,等等。

以上的反思内容并没有提到教师专业知识、教师专业能力、教师专业品格和教师专业信念等具体的专业内容,但是以教学实践为核心的教学理念、教学知识、教学方式、教学效果都是教师专业的体现。以具体知识点的教学实践为内容核心,而非刻意地反思专业发展,会使得教师的反思更加具体、深刻,也更切合教师的实际。

(3) 教学反思可以涵盖教学全过程。

在反思的时机方面,大部分教师都选择课后反思,这是合理的,但这并不意味着课前和课中就不能或不需要反思。课前可以反思已有的教学经验,他人的教学过程;课中可以根据具体情况反思自己的教学设计与教学行为,并做出及时的调整;当然,课后是反思的重点,可以根据上课的切身感受、学生的作业表现等,反思自身的教学设计与过程。

在具体的反思方式方面,主要包括以下几种类型。

---

① 万丽芸.教师专业发展视角下小学数学教师教学反思研究——以苏州工业园区星海小学为例[D].苏州:苏州大学,2013:39.

- 回忆并加以思考:这种方式的反思较为便捷,操作性强,但不足的是反思的深度与教师自身的反思能力有较大关联。建议在采用该种方式进行反思时能给自己一些规定,例如必须反思多久、必须有文字记录、在反思之前必须先与学生进行交流等。
- 教学评价与研讨:这种反思的优势是思考得比较深入,大家一起探讨,从各个角度对教师的教学进行分析,但不足的是这种方式无法常有,平时更多的是需要教师自身进行反思。如果教学评价和研讨的对象是其他教师,那么本人也可以反思换成是自己会怎么处理,为什么这么处理,这类反思可以让自己对教育实践有更好的认知。
- 写反思日志:这种反思的优势是思考会比较具体、深刻,有时候能从一定的理论高度进行分析,但不足的是这种反思会占用教师较多时间,需要教师有较强的毅力才能坚持。当然,很多研究已表明,能长期坚持撰写反思日志的教师,其专业成长的速度会高于一般教师。
- 回顾教学录像:教师对自己的授课视频进行分析,无疑会产生很多体会,这会让教师的反思更加具体,反复观看视频,还会让教师对细节的处理有更深刻的认知,但不足的是并非每次课都会留下教学视频。如果观看的是他人的教学视频,那么教师可以反思换成自己上课会怎么处理,是否会更有效,依据是什么,等等。

除了以上列出的主要的反思方式,还可以有其他切合教师自身的反思。当然,反思过程中可以同时采用多种方式,从不同角度反思教学的全过程。

=== 思考与练习 ===

1. 数学教师的专业素养主要包括哪些内容?
2. 简要论述反思对教师专业发展的影响。

中学数学教学设计的认识与撰写

有的中学数学教师在教学过程中对制作 PPT 十分用心,但是对教学设计的撰写则重视不够,没有要求就不写,有要求的话写得也不认真。应该说,制作教学 PPT 也是一个教学设计的过程,只不过是较为粗糙的设计,对经验的依赖比较多,缺少对教学的理性分析。如果有教师认为只注重 PPT 教学效果也不错,那是因为教师的教学经验还比较丰富,教学基本技能比较好。如果他们能在教学前进行精心的设计,那么教学效果则会更显著,教师本身也会有更大的收获,从而有效促进自身的专业发展。

第一节　中学数学教学设计的认识

一、中学数学教学设计的目的

做任何事情都需要有一定的规划,包括明确的目标、具体的实施方案和必需的辅助工具。教学也一样,教师在授课之前要明确所要达到的具体目标是什么,学生可能会存在哪些学习障碍,为了更好地达成这些目标,还要做哪些准备等。事实上,要做到这些,需要教师对教学进行精心的设计,而仅凭经验进行粗略的构思肯定是不够的。中学数学教师要对教学设计有清晰的认识,并意识到设计教学的重要性。

(一) 更有效地落实中学数学的教学目标

每个教师或者准教师在上课前,哪怕是模拟上课前都会对如何上课,要达到怎样的目标有所思考。如果没有深入思考,没有对教材进行解读,也没有对学情进行分析,那么教学目标就会比较笼统,对教学过程的思考也没那么深入,在教学过程中容易偏离教学目标,或者难以应对突发情况。我们在听课过程中发现,有的教师在课堂中讲着讲着就偏离了教学目标,也有的教师对课堂中的一些突发情况缺乏应对措施,手忙脚乱或者"简单粗暴"地处理,这些都与他们的教学设计不够细致有关。细致的教学设计并不是要求教师把准备讲的每句话都写下来,而是要对授课的知识点有全面而深入的分析,并根据教学知识点的学科特征和学生基础确定合理的教学目标,然后以该目标为核心选择合适的教学内容和教学方式。这些目标的确定、过程的构思都是在探究和理性分析基础上做出的,而不是单纯基于已有的经验。因此,好的教学设计是教学成功的关键,教学设计的过程也是中学数学教师深入了解学科知识、熟悉学情的过程,教师对教学内容更熟悉、对教学过程的思考更细致也更贴切后,在教学过程中自然也就会更自信、更从容。

现如今,中学数学课堂教学中依然存在着"教教材"的情况,还有少数数学教师的课堂教学行为与撰写的教学设计极不一致,这些问题的存在皆给数学课堂的教学质量带来了不利的影响[①]。实际的调研也显示,部分教师持有"将备课与上课分离"的观念,直接抄袭优秀教师的教案或从网上下载的教案,或者文本教案形同虚设,纯粹为应付学校检查而写,在实际教学过程中并没有达到预期目标[②]。这些都是对教学设计的重要性认识不够而导致的,教师应意识到数学教学设计是将教学原理转化为教学实践的重要纽带,数学教师在课前要能针对学生情况,进行完备的、科学的教学设计,这种在教学规律指导下的课前设计会令课堂教学效果事半功倍;同时,教师在进行数学教学设计时,会对教学各要素进行系统化的分析与设计,从而解决数学课堂中应该教什么和怎么教的问题,避免教师在教学实施过程中的随意性,改变中学数学课堂中"练习+讲题"的单一形式,有效落实中学数学的教学目标。

(二) 更有效促进中学数学教师的专业发展

教师专业水平的高低对教学成效有着直接的影响,而专业水平并不会随着教学实践经历的增加自然而然地提升,需要教师在教学实践过程中深入思考,以知识点的教学为中心,丰富教学知识,不断尝试,进而找到契合自身的提升方式,这个过程对教师的专业发展有着重要的促进作用。在教学设计中,教师需要查阅资料,不断学习,并从各个角度进行分析和思考;教学实践完成后,教师需要针对教学设计中预设的效果与实际效果的差异进行反思,从中获得有益经验。因此,设计教学的过程是丰富学科教学知识的过程,是更好了解学生数学基础和认知特征的过程,是提高教师教学反思能力和分析能力的过程,也是树立更合理的教育观的过程。在这个过程中,教师思考越深入,准备越充分,体会也就越深,会更有收获,成长也更快。在职前学习或者教学实践阶段开展中学数学课堂教学时,如果能对每个知识点都深入思考,都进行较为细致的教学设计,那么教师将逐步丰富教学知识、提高各项能力,并以点带面,逐渐成为熟手教师,进而发展为专家型教师。

教学设计能力是教师专业的重要组成部分,设计教学的过程与教师的信念、知识和其他能力都密切相关,也可认为是教师专业水平的重要体现。中学数学教师只有具备较高的教学设计能力,才能较好地履行教育教学的职业活动。但是,在教育实践中,部分教师的教学设计能力还存在不足。例如:有的教师虽然会在教学前进行设计,但只是粗略地构思,并未细致思考和深入探索,这在本质上是未能充分认识教学设计的重要性;有的教师的教学设计更多关注学科知识本身,注重的是自己该怎么教,未能较好分析学生的学情;有的教师虽然

---

① 王明月.思维导图备课促进教师教学设计能力发展研究[D].南京:南京师范大学,2019:1.
② 王明月.思维导图备课促进教师教学设计能力发展研究[D].南京:南京师范大学,2019:1.

会设计学生活动，但是未能与教学内容紧密结合，实则"两张皮"，设计的教学活动也游离于学生主体之外，致使教学实施过程无法摆脱"教师中心"的窠臼，学生学习效率较为低下。应该看到，教师的教学设计能力是在教学实践的经验中发展起来的，教师要想切实地提高其教学设计能力，还须对日常教学工作中的教学设计予以高度重视①。因此，教学设计不仅对教育教学质量有着重要的影响，也对教师自身的专业发展有着重要的影响。教师应该充分认识到教学设计的重要性，认真对待教学设计，将其落到实处，这不仅是学生发展的需要，也是教师自身发展的需要。

二、中学数学教学设计的内涵

（一）中学数学教学设计的含义

什么是中学数学的教学设计？这个概念没有特殊的指向，它遵循教学设计的内涵，并被运用到中学数学课程中。尽管大家都大致知道教学设计是什么，但是要给它下一个准确的定义还是很难的。有的学者认为教学设计是用系统的方法分析教学问题，研究解决问题的途径，评价教学结果的计划过程或系统规划，代表人物有肯普、加涅和乌美娜，这种解释也被称为过程规划说。例如，乌美娜认为教学设计是运用系统方法分析教学问题和确定教学目标，建立解决教学问题的策略方案、试行解决方案、评价试行结果和对方案进行修改的过程。它以优化教学效果为目的，以学习理论、教学理论和传播学为理论基础②。有的学者认为教学设计是一种研究教学系统、教学过程和制定教学计划的系统方法，代表人物有赖格卢特和盛群力，这也被称为方法说。例如，赖格卢特认为教学设计主要是关于提出最优教学方法的一门学科，这些最优的教学方法能使学生的知识和技能发生预期的变化③。盛群力认为，教学设计实质上是对教师课堂教学做的一种事先筹划，是对学生达成教学目标、表现出学业进步的条件和情境做出的精心安排。教学设计的根本特征在于如何创设一个有效的教学系统④。也有学者认为教学设计是一项优化教学的技术，通过揭示教学设计的本质来界定其概念，代表人物有梅瑞尔和鲍嵘，这也被称为技术说。例如，鲍嵘认为教学设计是一种旨在促进教学活动程序化、精确化和合理化的现代教学技术⑤。

这三类定义虽然视角不同，但是阐述的本质基本类似，都指出了教学设计的主要作用、基本过程和主要特征。综上，可以认为中学数学教学设计是指中学数学教师为了更有效地落实教学目标，优化教学过程，在实施中学数学课堂教学前根据具体的教学内容和教学对

① 张景焕，陈秀珍.小学教师关于课堂教学设计能力形成与发展的反思[J].当代教育科学，2006(17)：30—32,35.

② 详见：乌美娜.教学设计[M].北京：高等教育出版社，1994.

③ REIGELUTH C M. Instructional design：what is it and why is it？[M]//Instructional design theories and models：an overview of their current status. Hillsdale，New Jersey：Lawrence Erlbaum Associates，1983：3 - 25.

④ 盛群力，等.教学设计[M].北京：高等教育出版社，2005：4.

⑤ 鲍嵘.教学设计理性及其限制[J].教育评论，1998(3)：34—36.

象,确立恰当的教学目标,并以教学目标为指导,在教学环境和教师专业的影响下,组织教学内容,选择教学方式的过程。设计教学的目的在于更有效地落实教学目标,使得课堂教学的过程更优化,教师可以更熟练且有效地实施课堂教学。经过精心设计的教学,可以在很大程度上提升教师的教学自信心,课堂教学能更有的放矢。

(二)中学数学教学设计的基本特征

有学者认为,虽然不同教师的教学设计各有不同,但是它们仍然具有一些共同的特征,包括指导性、统整性、操作性、可控性和创造性[①]。中学数学教学设计同样具有这些特征,除此之外,还有着自己的特性,主要可归纳为应以中学生数学核心素养的提升为核心和应能更好地提升中学数学课堂教学的有效性这两个方面。

1. 中学数学教学设计是以中学生数学核心素养的提升为核心

无论是《普通高中数学课程标准(2017年版)》,还是《义务教育数学课程标准(2022年版)》,都确立了核心素养导向的课程目标,在数学教育中具体体现为会用数学的眼光观察现实世界、会用数学的思维思考现实世界和会用数学的语言表达现实世界。因此,数学的教育教学实践应该围绕着该目标展开。中学数学教师不仅要在实施课堂教学前对教学进行精心设计,主要包括分析该知识点的学科本质是什么、有哪些教育价值、可以培养中学生的哪些数学核心素养、该怎么做才能更好地帮助学生发展数学核心素养等。这需要教师转变教育观念,不能仅仅思考教学内容的学科逻辑,如不能仅仅思考应该按照何种顺序讲授该知识,也不能仅仅思考学生的知识基础和认知规律,如仅仅思考学生已经学了哪些数学知识。无论是学科逻辑,还是学生的认知逻辑,都要以学生数学核心素养的发展为核心。例如,在一元二次方程的教学中,教师不仅要知道一元二次方程的表征形式、求解方法,要知道学生已经掌握了一元一次方程、因式分解、开平方等内容,还要知道要怎么教学生才能在学习一元二次方程的过程中形成运算能力、推理能力、抽象能力、模型观念、应用意识、创新意识等数学核心素养。

由此可见,教学设计既要立足于设计的要素,包括内容分析、学情分析、教学目标、教学对象、教学内容、教学方法、教学过程等方面,体现教学设计要素的全面性;又要基于流程,涵盖教学系统中的分析、设计、开发、实施、评价等多个环节,体现教学设计流程的有序性。各个流程都要以中学生数学核心素养的提升为核心,只有牢牢把握核心不动摇,中学数学的课程目标才能得到有效落实。倘若教师以学生的考试成绩为核心,设计以讲授、讲解和练习为主要内容的数学教学,或许短期内可使学生在学业成绩上取得一定效果,但是长此以往未必能激发学生的学习热情,未必能让学生体会到学习数学的真正目的,多是被动地接受枯燥的解题训练,势必会使学生因为倦怠而懈怠,学业成绩也难以得到保证,更谈不上核心素养的

---

① 王本陆.课程与教学论(第2版)[M].北京:高等教育出版社,2009:329—330.

发展了。

2. 教学设计应能更好地提升中学数学课堂教学的有效性

有无教学设计对教师的课堂教学有着较大的影响。虽然一些教师没有精心设计就进行教学也取得了较好的教学效果,但是这类教师如果有了精心的教学设计,那么他们的教学会更有针对性,课堂组织会更流畅,教学效果会更好。中学数学教学设计以教学目标为导向,数学教师围绕教学目标开展有效的教学活动。从方法论的角度来分析中学数学教学设计,可把中学数学教学设计看作是解决数学教学问题、实现教学目标的方法。任何设计活动的宗旨都是为了提出达到预期目的的最优路径,教学设计就是要为课堂教学提出最优的教学方法①。这些都表明,教学设计能对课堂教学起到有效的指导作用,能更好地帮助分析课堂教学所需要的各种支持,能为教师的教学过渡、核心提问、关键性教学组织提供预设与支持。

教学设计自 20 世纪 80 年代初被引入中国以来,一直是教育领域特别是教育技术领域关注和研究的热点,在教育技术学科体系中占据着核心地位②。随着信息技术的日新月异,虚拟现实、人工智能等技术对教学设计的影响不断加深,有必要从技术和实践层面探讨当代信息技术条件下的中学数学教学设计手段、模型与案例。中学数学教学设计作为一门理论性与应用性兼具的学问,指导着数学教师的教育教学,而教育技术正是连接中学数学教学设计理论与实践的重要桥梁,教师可以在设计时适当考虑融入教育技术。例如,对于抽象性较强的内容,或者对空间想象能力要求较高的内容,可以制作相应的视频化素材,在教学过程中的适当时机给学生以启发。如果教学需要相关的智能化素材,可以在设计的过程中做好准备。当然,技术的应用、内容的组织、教具的准备,都是为更有效的课堂教学服务,让教师的课堂教学内容更丰富、形式更生动、过程更流畅。

第二节 中学数学教学设计撰写的基本步骤

一、教学设计的基本模式

自从有了教学,教师自然就会对教学进行设计,因为凡事有准备才能有效实施。此时的教学设计是教师自发的,还没有规范化、体系化。教学设计被视为一个独立的知识体系提出,则是从 20 世纪 60 年代开始的。20 世纪下半叶以来,教学论的研究重心从宏观的教育哲学层面逐渐转移到微观的课堂教学层面,教学设计也成为了研究重点之一,得到了迅速发展③。关于如何进行教学设计,主要分为认知取向、行为取向和人格取向三种模式。

---

① REIGELUTH C M. Instructional design: what is it and why is it? [M]//Instructional design theories and models: an overview of their current status. Hillsdale, New Jersey: Lawrence Erlbaum Associates, 1983:3 - 25.

② 张豪锋,卜彩丽. 从教育技术专业期刊分析国内教学设计发展现状[J]. 现代教育技术,2009,19(1):47—50.

③ 张华. 课程与教学论[M]. 上海:上海教育出版社,2000:121.

（一）认知取向的教学设计模式

认知取向的教学设计以认知心理学的理论为基础，旨在有效发展儿童的认知能力和水平。例如，布鲁纳的发现学习，奥苏泊尔的有意义学习，加涅的层级学习，瓦根舍因的范例教学，赞可夫的发展性教学等都属于认知取向的教学。认知取向的教学设计模式都较为类似，因为都要符合学生思维认知的渐进式发展，注重知识的联结。下面以加涅的层级学习理论（也称为累积学习模式）为例，介绍认知取向的教学设计的基本步骤。

加涅认为，设计教学的第一步是要分析教学目标。他认为教学目标主要可分为五类，分别为：理智技能，即学生运用概念符号与环境相互作用的能力；认知策略，即学生用来指导自己注意、学习、记忆和思维的能力；言语信息，即人类把一些积累起来的知识传授给下一代的主要方式；动作技能，即动手操作的能力；态度，即一种习得的内部状态，影响个人对某些事情采取行动的选择。这五类学习目标之间不存在层次性、递进性的序列关系，次序可任意，具有灵活性。

信息加工理论把学习看作是对信息进行内部加工的过程，包括动机、领会、获得、保持、回忆、概括、作业和反馈八个阶段[①]。相应地，教师的教学也可分为八个阶段，分别为：激发动机、把目标告诉学生、指导注意、刺激回忆、提供学习指导、增强保持、促进学习迁移和作业的巩固与反馈。

在中学数学教学中，教师最好能通过一定的课堂导入，让学生明确学习本节课内容的必要性和目的性。数学概念、性质和定理最好是在一定的分析和探索中得出，而不是教师直接告诉学生，如果学生能在题目的分析中归纳出知识点，那么教师就不用代劳，尽量鼓励学生用自己的语言表达即可，教师给予引导和纠正。因此，认知取向的中学数学教学设计，应该以学生的认知发展为基础，创造条件让学生获得新知，而不是教师迫不及待地告诉学生新知，然后再组织学生训练巩固。当学生在教师的引导下发现了新的数学知识、性质和定理，他们对此的印象会更深刻，看似课堂教学的效率不高，实则教学的效果十分显著。

（二）行为取向的教学设计模式

行为取向的教学设计以行为主义心理学的理论为基础，这些理论包括以华生为代表的经典行为主义、以斯金纳为代表的新行为主义、以桑代克为代表的联结行为主义。行为主义学习理论是从人的行为分析学习的基本规律和变化特征，然后从行为训练入手，让学生获得新知。这种学习方式虽然看似机械，是"落后"的教育理念，事实上在任何知识的学习中却都必不可少，因为要牢固掌握基本知识和基本技能都需要进行一定量的训练。当然，这个度要把握好：倘若一味地让学生快乐学习，他们未必会主动通过练习巩固新知，如此导致基础不

---

① 陈琦,刘儒德.当代教育心理学(第3版)[M].北京:北京师范大学出版社,2019:123—127.

牢固,例如国外不少学生对于简单的四则运算都要依赖计算器完成,正是由于缺乏必要的训练所导致的,这不仅影响了解决问题的过程,也不利于他们数感和数学判断能力的培养;当然,给学生安排过于繁重的解题训练、大量的记忆和背诵,不仅难以激发学生的学习乐趣,而且容易导致学生对数学知识的碎片化理解,进而造成缺乏对数学思维的领悟和对数学知识的融会贯通,这是一种短视的、功利化的数学教育,不利于学生数学素养的发展。

下面以斯金纳的程序教学为例,介绍行为取向的教学设计的基本步骤。斯金纳的程序教学以操作性条件反应与强化原理为理论基础。斯金纳认为人的行为不是简单的刺激与反应的联结,人并不是总在被动地等待刺激,而是会积极地操作环境,并在这个过程中不断地改变自己的行为方式,这种反应被称为"操作条件作用",这种学习称为"操作学习"[①]。斯金纳认为人类的大多数有意义行为都是操作性学习的结果,而实施操作的前提是要有"强化物"。

程序教学的设计要遵循以下几个原则:

第一,积极反应原则——教学的设计要能使学生经常处于积极反应的状态;

第二,小步子原则——教学内容要存在关联性、符合学生的学习过程;

第三,及时强化原则——要让学生尽快明白自己的反应是否正确;

第四,自定步调原则——某些教学环节可以让学生有自主性;

第五,低错误率原则——尽量减少学生出现错误反应的可能性。

在中学数学教学中,教师要设计一定的问题,吸引学生学习,这个问题可以是带有情境的,也可以是纯学科的,如果是后者最好从复习引入。例如,之前的知识可以解决这个问题,如果问题条件改变一下,那么现有的数学工具就不够用了,需要学习新的知识,这就是我们今天要学的新内容。这种设计可以让学生明确学习新内容的目的,也能在一定程度上激发学生的求知欲。引入后,主要介绍新的数学知识,这时候要避免"快",一般教师不要直接告诉学生新的知识是怎样的,而是应首先对这个知识的本质特征进行深入分析,帮助学生厘清掌握该知识要分哪几个步骤,或者哪几个层次,然后再设计相应的教学内容。当然,这些知识的巩固离不开必要的练习,而练习题的选择需要有代表性,也要有一定的层次性,让学生能逐步巩固认知,也有选择的余地。在教学实践中,课堂练习时可以让一些学生在讲台的黑板上解题,或者展示他们的答案,当学生解答正确时教师要及时表扬,回答错误时可以让其他学生指出问题所在,给予所有学生及时的反馈。

(三) 人格取向的教学设计模式

人格取向的教学设计以人本主义心理学的理论为基础,认为课堂教学应该以人为本,要激发人的学习热情,引导其自主探究、挖掘自身潜能。罗杰斯的"非指导教学"(nondirective

---

① 陈琦,刘儒德. 当代教育心理学(第3版)[M]. 北京:北京师范大学出版社,2019:89—93.

teaching)模式是人格取向教学设计的典型代表,他主张教学应该注重儿童的自主性和主动性。罗杰斯认为人类都具有学习的自然倾向,但是只有当学生正确了解所学习内容的用处时,学习效果才最好;大量的学习是在学生主动参与的过程中获得的,而不是在自己不情愿的前提下教师灌输的;当学生的学习具有较强主动性,且批评和自我批评的重要性大于别人的评价时,学生的独立性、创造性和自主性就更容易发展[①]。

人格取向的教学认为,传统的教学是教师作为先知者将知识传授给学生,而教师对学生学习特征和学习过程的认识并非完整、正确的,这就导致了教学的低效。非指导教学的要旨是教师通过创设某种活动,让学生在融洽的心理气氛中自由地表现自我、认识自我,从而改变自我、实现自我。为此,教师的教学设计应该要能为学生创造一种"安全"的心理氛围。具体表现为:

第一,帮助学生澄清自己想要学习什么;

第二,帮助学生安排适宜的学习活动与材料;

第三,帮助学生发现自己所学的内容的个人意义;

第四,维持某种有益于学习过程的心理气氛。

应该说,人格取向的教学具有一定的合理性,是对"唯理智主义"教育倾向的批判。后者认为教育的主要目的是开发智力,忽视了完美人格和完整心灵的培养,甚至在某种程度上以牺牲它们为代价,这都违背了教育的本质目的。在中学数学的教学设计中,教师既要注重学生对数学知识的掌握,注重学生数学解题能力的培养,也要注重数学课程对学生人格和品德发展的影响,注重数学的学科德育。这样的教学设计,可以更好地激发学生的学习热情,能让学生获得更多思想上、精神上和品德上的感悟。

二、中学数学教学设计的基本内容与结构

中学数学教学设计主要是要解决"教什么""为什么教"和"怎么教"这三个问题。其中,"教什么"是对教学内容的分析,要掌握教学知识的数学学科本质内涵和外延;"为什么教"是对教学目的的分析,要了解针对具体的教学对象,该教学知识需要达到的教学目标;"怎么教"是在前两个步骤完成后,对教学过程的设计。因此,中学数学教学设计可分为前期分析、目标确定、过程设计与作业设计这四个部分。

(一) 设计的前期分析

前期分析是中学数学教师进行教学方案设计的基础。任何数学教学设计都要建立在对所要教学的数学知识点和教学对象有较为准确分析的基础上,只有做到胸有成竹,教师的教学才能有的放矢。

---

① 叶浩生.心理学通史(第2版)[M].北京:北京师范大学出版社,2019:357—360.

1. 教学内容的分析

数学教学离不开数学知识,要在对知识的教与学的过程中发展学生的各种素养。因此,教师对所要教学的数学内容要有准确而深入的了解。教师要分析数学内容有怎样的学科逻辑,教师只有知道是什么,才能正确表述,准确书写,灵活运用。在对知识点本身有较为细致的分析后,教师还要分析这个知识的前序和后继分别为何。这些教学内容的分析应源于教材,而高于教材,教师要从教材中把握教学内容的范围,但是具体的学科逻辑又要超越教材。

例如,在教学"无理数"的时候,教师首先需要分析无理数的概念是什么,怎么形成的,有什么用,为什么小学阶段学习了(正)整数、小数、分数等还不够,还需要学习无理数? 如何向学生说明学习无理数的必要性? 如何分析无理数有何特征,与有理数有怎样的联系? 如何学习无理数能更好地为后续内容的学习打下基础? 生活中哪些地方会用到无理数? ……要分析这些内容,需要对教材进行解读,也需要查阅一些有关数学文化的书籍或网络资源,同时需要对课程标准进行研读,了解课程标准对该知识点的具体要求。

2. 教学对象的分析

同样的教学内容针对不同的教学对象,会有不同的教学目标和教学方式,所以在教学设计时对学生进行分析是十分必要的。教师的教依赖于学生积极主动地学,学生的学又需要教师科学有效地教,教学的最终目的是实现学生的全面发展。为了保证中学数学教学的有效性,数学教师必须对学生进行分析,充分掌握学生的基本情况,做出符合学生发展实际的教学设计。在前期分析中,教师需要了解教学对象的以下内容:

第一,教学对象学习该知识所需要用到的前序知识分别是什么,何时学的,掌握的程度如何;

第二,教学对象上一次课的学习内容是什么,是否可以建立有效联结;

第三,教学对象的学习能力如何,有怎样的思维特征;

第四,教学对象的学习主动性如何,班风和学风如何。

围绕学生进行的学情分析是数学教学设计的前提,也是高效实施数学课堂教学的保障。

(二) 教学目标的确定

教学目标是在教学活动中所期待的学生学习结果,这对教学活动的设计具有明确的导向作用,目标的确定既与数学知识有关,也与教学对象有关,针对不同基础学生的教学目标肯定是存在差异的。在明确了教学内容和教学对象后,需要确定具体的教学目标,主要从以下三个方面进行思考:

首先,要明确知识性目标,对于要教学的知识点学生应掌握到什么程度,哪些知识点最为关键;

其次,要明确能力性目标,需要发展学生的哪些能力,例如计算能力、逻辑推理能力等,

可获得哪些迁移的能力,例如归纳分析和推理能力等;

最后,要明确情感性目标,需要在教学中提升学生的数学情感,变害怕数学为喜欢数学,同时注重培养学生的理性精神、毅力、求真务实等品质。

教学目标确定后,后续教学素材的选择和组织、教学方式的运用都要围绕目标的落实来展开。所描述的教学目标最好是可观测的,能较为直观地判断是否达标,不能太笼统。在数学目标的制定中,一般不写数学核心素养目标是什么,但是所制定的目标都是以数学核心素养为指导的,是核心素养的分解。

在落实教学目标的过程中,教师需要结合教学内容和教学对象明确哪些是教学的重点、哪些是教学的难点。重点是对教学内容的理解十分重要的点,而难点是学生在学习过程中会产生较大困难的点。一般来说,教学重点与学科知识关系相对密切,而教学难点与学科知识和教学对象的关系都十分密切。值得一提的是,在一些教学参考书、学术文献或网络资源里的教学设计中也会列出有关数学内容的教学目标和教学重难点,教师可以将其作为重要参考,但一定不能照搬照抄,因为教学具有较强的特殊性,即使是相同的内容,由于教学对象的差异,也会有不同的教学目标和重难点,必定不会是千篇一律的。

(三) 教学过程的设计

过程设计是在教学目标的指导下,根据教学内容、教学对象和教学环境选择教学策略的过程。在设计教学过程时,一般要进行以下几个步骤。

1. 第一步:列出要点

在专门的备课纸上或者电脑上列出之前设计环节已经思考清楚的要点,主要包括本节课的主要知识点(尽量细致)、教学目标、教学重点和难点;然后,列出之前环节所思考的教学各环节,也就是本次教学过程要分为几个环节进行、有怎样的整体规划等。

以上这些要点之所以要单独列出,是为了更好地为后续的设计提供参考。它可以随时提醒教师,在设计具体过程的时候不要偏离目标,所选择的教学内容、所组织的教学方式要有助于学生对教学重点的理解和对教学难点的突破。

2. 第二步:重组教学内容

将本次课的教学内容按照适合学生认知的顺序重新进行组织,可以借鉴教材的内容,但尽量不要完全一样。教材是用来帮助教学的,不是必须要教"教材",否则教师便失去了工作的价值,将来很可能会被人工智能完全取代。为了让学生的学习效果最优化,结合学生的实际情况,教师需要对教材的教学内容进行适当的选择与组织,例如适当增减,适当调整次序等。当然,重组的教学内容应该具有较强的逻辑性,能让学生的认知较好地过渡。在这个过程中,教师可以搜集相关资料进行学习、比较,例如其他版本的教材、他人的教学设计、有关该知识点的教研论文和数学文化素材等。

3. 第三步：构思课堂引入

课堂引入一定要有吸引力，最好能从中让学生明确学习今天内容的目的何在，有进一步学习的兴趣。常见的课堂引入有复习引入、情境引入、活动引入、问题引入、开门见山等。无论何种引入，都要符合逻辑——学科知识的逻辑，学生认知的逻辑。引入与新授之间要有较强的联结，过渡要自然，如果能有新意则更好，能达到意料之外、情理之中的效果。对于职前教师，课堂引入非常关键，要高度重视，多琢磨。另外，课堂引入不要为了引入而引入，要与后续的教学内容产生有效联结。一些教师在引入后就抛开引入的内容，这种引入更多成了一个噱头，对学生的有效学习帮助不大。例如，有些教师会采用复习引入，复习后就抛开了引入内容，然后说本节课我们学习某某内容，给出一个新的题目。这种教学就没有很好地利用课堂引入，其实完全可以对用来复习的题目进行一定的改编，引导学生对新知识与已有知识展开比较，从而帮助他们更好地理解新知识。

4. 第四步：设计主体内容的教学

课堂引入后，就进入了主体内容的教学。这时候教师可以按照之前所构思的学科逻辑进行设计，也可以从重点内容开始设计，以教学重点为中心，层层往外推，当然每一层要有逻辑关联。例如，在二面角内容的教学中，什么是二面角是教学的关键，教师可以以对该概念的认识为核心，进行多层级的设计，包括是否从对平面中角的大小的认识开始、是否需要对各种反例进行比较等。主体内容的教学一般分为知识的分析与讲解，以及知识的练习与巩固这两个部分。前者可以由教师主讲，也可以由教师引导学生归纳出新知的要点；后者主要是课堂练习的训练与分析，题目不需要太多，但是要典型，分析要有深度和高度，要能起到举一反三的效果。

值得一提的是，教学设计中可以有少量的师生互动性语言，这也是十分必要的，这些对话可以帮助教师在课堂教学时更好地提问、讲解或过渡。但是这类对话的内容不能太多，否则就会影响教学设计的指导性，因为太多的对话就容易导致内容的臃肿，从而导致教学的基本脉络以及一些启发性和指导性的内容被掩盖和削弱。另一方面，课堂教学本来就是一个生成的过程，不可能所有的对话内容都是可控的，教师在教学设计中只能对学生的回答进行预设，而且过多的对话内容反而会对教师产生约束，将教学限定在特定的条条框框中。另外，在撰写教学设计时，对于每个教学环节，最好都能写出相应的设计意图，这是一个自己说服自己的过程，也是一个把经验上升为理性的过程。只要能写出设计的理由，教师也能较好地向他人介绍这样设计的主要目的是什么。

5. 第五步：课堂小结

每一节课都最好有个总结，让学生对本节课的要点有更直观的认识。因为人的记忆力是有限的，所学的知识不久后就会逐渐淡忘，所以如果有一个清晰的总结，往往可以让学生记忆得更深刻一些。课堂小结经常与板书结合，在板书设计时，教师往往会留下一部分区域的内容不擦掉,主要涉及本节课的要点,如定义、性质等内容,课堂小结时就对着这部分区域陈述。当然,课堂小结也可以鼓励学生自己来总结,如果有遗漏的、不准确的地方,再由教师进行补充,如此安排,教师能更好地检验学生对本节课知识的掌握情况。

(四)课外作业的设计

布置作业是中学数学教学中必不可少的环节,作业不仅包括书面性质的校内练习,还包括多样化的家庭作业。一方面,数学作业可以帮助学生巩固学习成果,养成良好的学习习惯。另一方面,通过批改作业,教师可以了解学生对数学知识的掌握程度,为做好下一步的教学设计提供现实依据。针对作业的设计,中学数学教师要牢牢把握以下两点:一是所设计的作业要紧扣教学目标、紧贴教学内容,要有助于学生的理解和掌握,要有助于培养学生的数学思维;二是要把握作业的整体性、结构性,综合思考作业的各个要素(如来源、类型、难度、数量、差异等)。在教学实践中,教师往往会从某些习题书中选择若干题目作为课后作业,这需要教师对这些题目有较为全面的了解,题目的内容要符合本节课的教学内容,同时难度也要适合教学对象。数学习题书良莠不齐,如果某些题目不合适,教师可以自己设计若干题目作为学生的课后作业。

三、教学设计的基本评价要点与注意事项

(一)教学设计的评价要点

对教学设计的评价应结合学生基础、知识特点和教师专业,适合教学的就是最好的,因此不能简单化比较。但是,总体来说相对优秀的教学设计有以下一些基本特点。

1. 教学背景分析准确、深入

对教学内容和教学对象的分析较为全面,结论合理、准确。

2. 教学目标和教学重难点合理、明确

教学目标和教学重难点的定位都比较准确,刻画清晰,能较好观测。

3. 教学过程脉络清晰、要点明确

教学过程能紧扣教学目标,紧贴教学内容,充分体现教学重难点,并能给教师较强的教学指引。

4. 教学理念先进

体现以学生为中心,以学生发展为本,注重学生综合素养的提高。

5. 教学方式合理、有效

了解并使用好各种教具,教学过程合理,具有逻辑性。

6. 格式规范、结构合理

教学设计的格式规范，具有较好的可读性，结构合理、内容分布具有逻辑性。

(二) 教学设计撰写的注意事项

经过观察可以发现，一些教师的教学设计存在教学内容撰写不到位、学情分析笼统、教学目标和教学重难点定位不准确、教学过程的内容太多或太少、教学过程中有大量的师生对话、教学设计格式混乱和教学设计中包括了教学反思等问题，为此，在进行教学设计时需要在以下几个方面引起注意。

1. 确定教学目标，应以学生为行为主体，而不是教师

在确定教学目标时，应以学生为行为主体，从学生的学业成就角度进行论述。尽量不使用"使学生、让学生、提高学生、培养学生……"等提法，可采用"能运用、会使用、可以自主、逐步树立……"等表述。这种变化不是玩文字游戏，而是要养成一种习惯，时刻提醒自己教学目标最终要落实到学生的身上，而不在于教师讲了多少，要真正体现以学生为中心。

2. 重点和难点的撰写，应将感知或程度的词汇作为落脚点

教学重点和难点要较为明确，不能太笼统，要真正体现在"点"上。例如，将重点确定为"了解无理数和实数"，这就比较模糊。应该思考在学生的学习过程中哪些点最重要，哪些点最困难，这些点要明确、具体，且能落实到教学实际中。所以，如果将重点修改成"对无理数、实数的正确判断"会更具体，也将具体要点落脚在"正确判断"上。难点的撰写也类似，需要既明确，又能落实到较为具体的点上，尽量用感知性词汇，例如"掌握""理解""求解"等。

3. 教学目标中的行为动词的表述，应是可测量、可评价、具体而明确的

教学目标是否达成是衡量教学质量的重要指标，因此表述目标的行为动词应是具体的、可观测的，尽量不要使用"了解""理解"等较为模糊、难以准确衡量的词汇。例如，如果将教学目标确定为"掌握二面角的定义"，这就比较模糊。要达到怎样的程度才能称为掌握？有怎样的表现可以说明学生掌握了二面角的定义？这些都是比较难观测的，因为"掌握"有不同的衡量标准。如果将其分解成"能用自己的语言说出二面角的定义；能在相交平面中准确画出二面角"，这样就会更具体，也更容易衡量是否达成了该教学目标。

4. 教学目标一般要包括知识类、技能类和情感类

知识类可参考动词：(能)识别、感知、认识、为……下定义、说出(写出)……的名称、复述、阐述、解释、说明……

技能类可参考动词：(能)归纳、总结、抽象、比较、对比、判定、判断、会求、运用、模仿、尝试、改编、操作、调节……

情感类可参考动词：(能)感受、认识、了解、初步体会、体会、获得、提高、增强、形成、养

成、树立、发挥、发展……

5. 教学过程应分成若干环节,写出关键性步骤的教学,阐明自己的设计意图

设计教学,需要对课堂教学过程有较好的大局观认识,进行整体性规划,因此应将其分为若干环节,每个环节有明确的目的,并设定大致的时间分配。一般来说,中学数学课堂教学可分为引入、新知、讲解、练习、总结等环节。在教学设计时,每个环节中的关键性步骤可以由问答形式组成。对学生的回答需要准备若干种预设。每个环节都是一个微课堂,要做出相应的规划,并写出设计的意图,主要目的在于先说服自己为什么这么设计,这样做有助于教师对课堂教学认识的深化,从感性到理性。

6. 教学设计不应包括教学反思

教学设计是对即将实施的课堂教学的计划,而反思往往是经历过后的总结。一些教师在撰写教学设计时包括了教学反思的内容,这在逻辑上是站不住脚的。有的学校印制的教学设计模板中包括了教学反思一栏,其实这个不是在教学设计时撰写的,而是在教学实施后填写的。教师在撰写完成教学设计后,如果有新的想法,只要教学还没实施都可以再对教学设计进行修改。一般来说,修改教学设计可以和教学课件相互结合,直到觉得没有更好的替代方案为止。教学实施后,如果有心得体会,可以写教学反思,这是一个重新认识自己、认识课堂教学的过程,这个过程对教师的专业发展是十分有帮助的。

四、中学数学教学设计的基本格式

教学设计没有统一的格式,只要各种要素都兼顾了,写成怎样的格式都可以,以下为三种常见的教学设计格式:表格型、文本型和混合型。

(一) 表格型

顾名思义,表格型就是采用表格形式,将课堂教学各要素填写进去,大致如表 2-1 所示。

表 2-1　表格型教学设计格式

标题	
教学内容	
学情分析	
教学目标	
教学重难点	
……	

（续表）

教学过程				
环节	内容	教学形式	设计意图	计划用时
作业				

表格型的优势是清晰、不容易忘记、便于转写到新的教学内容中。但是也存在不足，尤其是内容中有较多数学公式和图片时，某一栏就会显得特别长，不便于阅读。

（二）文本型

文本型就是去掉表格的外框后，用文字表述课堂教学的各要素，各条内容用栏目区分。大致包括标题、教学内容分析、教学对象分析、教学目标、教学重难点、教学过程和板书设计等栏目内容。

例如，大致格式可如下所示：

1.3　三角函数的诱导公式

一、教材分析

二、学情分析

三、教学目标

四、教学重难点

五、教学过程

（一）提出问题，导入新课（5分钟）

（二）探究问题，习得新知（10分钟）

（三）合作学习，得出结论（15分钟）

（四）精选讲练，提升能力（10分钟）

（五）课堂小结，布置作业（5分钟）

六、板书设计

文本型的优势是格式可根据自己的需要调整,适合文字、图片和公式符号等各种表达方式。但是,在直观性方面会略差一些,而且容易忘记一些内容的表述,例如设计意图等,在撰写过程中教师要时刻提醒自己。

(三)混合型

混合型就是将上面两种类型的优势结合在一起,教学过程之前的内容采用表格型,教学过程部分采用文本型。因为多数符号和图片会出现在教学过程部分,将其改为文本型后就避免了格式上的混乱。

例如,大致格式可如下所示:

	标题	
1	教学内容	
2	学情分析	
3	教学目标	
4	教学重难点	

5. 教学过程

(1) 提出问题,导入新课(5分钟)

(2) 探究问题,习得新知(10分钟)

(3) 合作学习,得出结论(15分钟)

(4) 精选讲练,提升能力(10分钟)

(5) 课堂小结,布置作业(5分钟)

6. 板书设计

无论是何种类型的教学设计格式,都是提供给教师参考的,教师在撰写时可以根据需要选择使用。但是内容分析、学情分析、教学目标、教学重难点和教学过程这些是教学设计的基本内容,在任何类型的格式中都必不可少。另外,在教学设计中,教学过程部分的篇幅一般是最长的,因为教学设计是为了更好地指导教师的教学,所以过程部分需要构思得更为细致。当然,这种细致并非将每句话都写出来,只需写出关键性语言即可,尤其是如何提问、如何设计问题串等可以在教学设计中写明。

第三节　中学数学教学设计案例评析

一、"用公式法解一元二次方程"的教学设计

(一) 教学设计的内容

教学主题	用公式法解一元二次方程①				
学科	数学	年级	八年级	时长	40分钟
内容分析	"用公式法解一元二次方程"是人教版教材《数学》九年级上册第二十一章一元二次方程"21.2.2公式法"第一课时的内容。 **一、课程标准的理念与要求** 《义务教育数学课程标准(2022年版)》在总目标中指出:通过义务教育阶段的数学学习,学生能获得适应未来生活和进一步发展所必需的数学基础知识、基本技能、基本思想、基本活动经验。在内容要求中指出:能用公式法解数字系数的一元二次方程,会用一元二次方程根的判别式判别方程是否有实根和两个实根是否相等。 **二、教材分析** 本节课研究一元二次方程的公式解法。一元二次方程的求根公式是用配方法推导得出的,教材在安排上是先提出用配方法求方程 $ax^2+bx+c=0(a\neq0)$ 的解的问题,在推导过程中,通过对 b^2-4ac 分别取正、零、负的讨论,得出根的判别式,进而获得求根公式,再运用公式求解一元二次方程。 一元二次方程是义务教育阶段课程重要的学习内容,同时其在代数中也占有重要的地位。通过对"一元一次方程""二元一次方程组"及"可化为一元一次方程的分式方程"等内容的学习,学生已经感受了方程作为刻画现实世界数量关系的有效模型的作用和应用价值,也积累了一些利用方程解决实际问题的经验。 初中阶段方程知识结构如图2-1所示。 用公式法解一元二次方程,是将求解方程的配方过程转化为代数式求值过程,体现了化归思想,适用于所有的一元二次方程。在推导求根公式的过程中,从 $ax^2+bx+c=0(a\neq0)$ 到 $(x+n)^2=p(p\geqslant0)$,是配方法求解一元二次方程的延伸,体现了转化和化归的思想。正是这一抽象的一般形式才具有广泛的应用价值。同时,本节内容编排在"用配方法解一元二次方程"之后,意在得出的公式是配方结果的一般化和程式化,为下一节研究根的

---

① 本案例由北京市陈经纶中学嘉铭分校郭凯路老师提供。

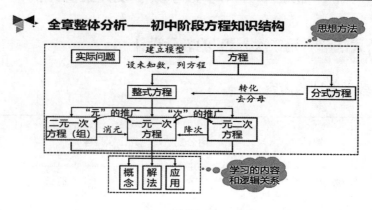

图 2-1

判别式的综合运用，以及后续学习二次函数相关知识打下基础，因此本节内容在教材的安排上起着承上启下的作用。

本章知识结构如图 2-2 所示。

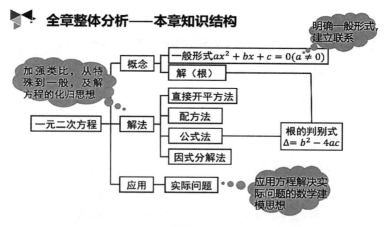

图 2-2

结合课程标准要求和教材分析，本节课要帮助学生理解求根公式从何而来，培养学生的逻辑推理能力；引导学生掌握公式如何应用，发展学生的运算能力。

学情分析	**一、课堂前测** （一）课前任务安排 请同学们提前一天预习教材内容，并完成预习任务。如果阅读教材有困难，可观看视频《推导求根公式》。 （二）课前任务目的 1. 了解学生对利用配方法解数字系数的一元二次方程的掌握情况；

2. 判断学生是否能够利用配方法解字母系数的一元二次方程，旨在考查学生的抽象能力；

3. 培养学生的自主学习能力。

（三）课堂前测试题及各题设计意图

▲**问题 1** 用配方法解下列方程：

(1) $x^2 + 10x = 24$；   (2) $2x^2 - 3x + 1 = 0$。

设计意图：了解学生是否完全掌握了用配方法解数字系数的一元二次方程。

▲**问题 2** 类比以上两个方程的解法，请你尝试解方程：$ax^2 + bx + c = 0$（a，b，c 为常数，$a \neq 0$）。

设计意图：了解学生自主学习的效果，考查学生的抽象能力。

▲**问题 3** 你有不同的解法吗？

设计意图：引导学生用不同的方法解决问题。

二、前测结果的数据分析

前测试题的正确率及错误情况分析见表 2-2 所示。

表 2-2 前测试题的正确率及错误情况分析

题号	回答正确		错误情况分析
	人数	百分比	
1(1)	28	90%	本题有 4 名学生出现错误，其中 3 人是因为最后计算错误，1 人是因为没有掌握配方法
1(2)	21	68%	本题解答错误的 10 人中，有 1 人没有掌握配方法解一元二次方程的内容，有 1 人是因为系数没有化 1 就直接配方导致解答错误，剩下 8 人配方正确，在计算的过程中出现错误
2	5	16%	本题解答完全正确的只有 5 人，在解答错误的学生里，有 7 人直接写出方程的根，有 5 人配方正确，有 5 人配方错误

三、前测结果的评价与分析

对于问题 1 中(2)的解答，学生出现的错误主要有两类（见图 2-3）：一类是在写成完全平方式时混淆了加减运算；另一类是在对方程两边开方时，右边的运算出现了差错。

对于问题 2 的求根公式的推导，经过研判学生的预习作业以及一对一访谈调查发现主要存在以下几类问题：第一类，对于方程 $\left(x + \dfrac{b}{2a}\right)^2 = \dfrac{b^2 - 4ac}{4a^2}$，学生不知道接下来该怎么办；第二类，对于方程 $\left(x + \dfrac{b}{2a}\right)^2 = \dfrac{b^2 - 4ac}{4a^2}$，学生直接开方；第三类，存在一名学生对方程

（续表）

$$\left(x+\frac{b}{2a}\right)^2=\frac{b^2}{4a^2}-\frac{c}{a}$$ 直接开方（见图 2-4）；第四类，存在学生完全不懂这个解方程的过程。

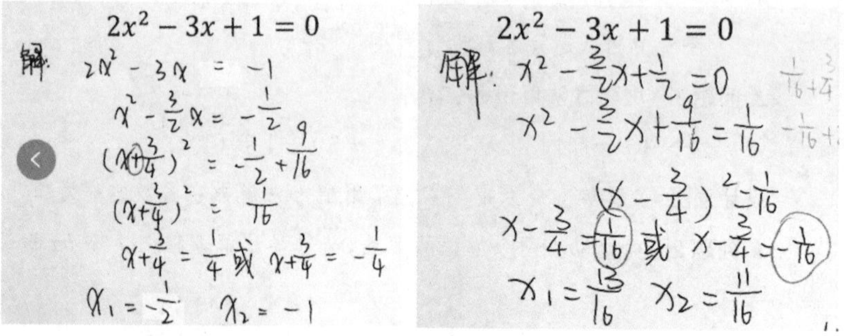

图 2-3

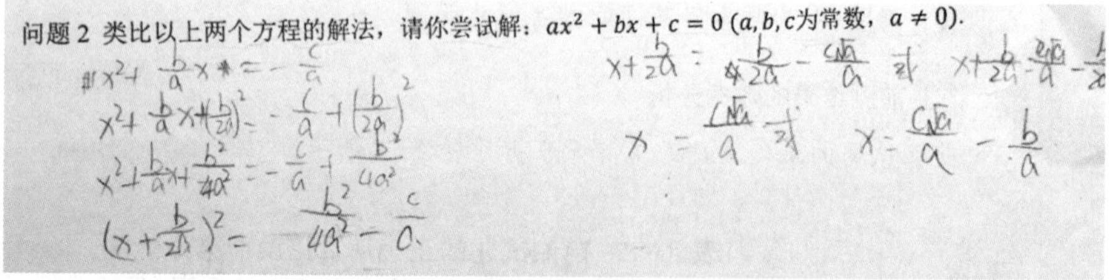

图 2-4

对于问题 3，能用其他方法解决问题的学生只有一个，是把二次项 ax^2 写成 $(\sqrt{a}x)^2$ 的形式。

根据前测结果可以看出，本班学生基本能掌握配方的过程，只是在解二次项系数不是 1 的二元一次方程时会出现计算错误的问题。由学生的解答也可以看出学生在进行运算时的自我监控能力较弱。由问题 3 可以看出学生在对方程 $\left(x+\frac{b}{2a}\right)^2=\frac{b^2-4ac}{4a^2}$ 两边进行开方时会出现各种各样的问题。除此之外，还发现学生在解决问题时更多的不是落在“想”问题上，即学生在计算过程中没有在想“我要干什么”“这些符号是什么意思”“我接下来该怎么办”，而是落在了“做”问题上。由此总结出学生的主要问题是：分析问题、解决问题的能力以及逻辑推理的能力不足。

根据前测结果，确定本节课的教学难点之一是利用配方法推导求根公式。

四、本班学生特点

1. 本班学生在课堂上比较活跃，但是思维不够灵活，抽象能力不足；
2. 独立分析问题、解决问题的能力欠缺；
3. 学生小组间的合作比较融洽。

教学目标	1. 探究一元二次方程求根公式的推导过程,积累数学活动经验; 2. 在探究中体会将新知化归为旧知的转化思想,在合作交流中发展逻辑推理能力; 3. 掌握求根公式的特征,会运用公式法求解一元二次方程。 **达成第1、第2个目标的标志**:学生能够类比特殊方程的求解过程,转化为自己会解的方程的形式,合作探究出方程 $ax^2+bx+c=0(a\neq0)$ 的解的推导过程。 **达成第3个目标的标志**:学生能够找到方程 $ax^2+bx+c=0(a\neq0)$ 对应项的系数,并能利用代数式 b^2-4ac 判断方程根的情况,最后代入求根公式得到方程的根。
教学重难点	**重点**:推导一元二次方程的求根公式;利用公式法求解一元二次方程。 **难点**:利用配方法推导求根公式;对代数式 b^2-4ac 的取值的分类讨论。
问题框架	问题框架 核心问题1: 如何推导求根公式? 问题链1 如何利用配方法解方程 $ax^2+bx+c=0\ (a\neq0)$? 问题链2 如何解方程 $\left(x+\dfrac{b}{2a}\right)^2=\dfrac{b^2-4ac}{4a^2}$? 核心问题2: 如何应用求根公式? 问题链1 利用公式法求解一元二次方程的解答过程是怎样的? 问题链2 利用公式法求解一元二次方程所得结果的书写格式是怎样的? 问题链3 利用公式法求解一元二次方程应该注意的事项有什么?
教学方法策略	**本节课主要采用探究式教学方法。** 自主探究 ➤ 发现问题 探究式教学方法 合作探究 ➤ 分析问题 展示总结 ➤ 解决问题 **教学策略1:预留预习任务,提前自主探究,发现问题** 　　用配方法推导一元二次方程的求根公式时,用字母系数代替数字增加了问题的抽象性,考虑到在课堂中没有充分的时间让学生进行自主探究,因此设置预习任务,让学生提前阅读教材,类比数字系数的一元二次方程的配方过程来推导求根公式,一方面培养学生的自

(续表)

教学环节	教学活动	设计意图

主学习能力,另一方面为本节课的教学提前了解学情,确定本节课的教学难点。

教学策略 2:小组合作探究,分析问题,寻求解决方案

通过批改预习作业,发现学生能推导到 $\left(x+\dfrac{b}{2a}\right)^2=\dfrac{b^2-4ac}{4a^2}$,接下来的解答存在两类问题:一类是因为方程两边都是字母,不知道接下来该如何解这个方程;另一类是进行了直接开方。课堂上开门见山,一方面为小组讨论预留充足的时间,另一方面培养学生的合作探究能力,以突破本节课的教学难点。

教学策略 3:小组展示总结,解决问题

学生讨论并在黑板上展示结果,培养学生的说理能力,发展学生的逻辑思维。

教学环节	教学活动	设计意图
环节一:开门见山引入探究课题	**教师引导**:在前面的学习中,我们学习了一元二次方程的相关内容,下面请大家回忆两个问题。 ▲**问题 1**:一元二次方程的形式是什么? **追问**:对于二次项系数,一次项系数和常数项,有什么要求吗? ▲**问题 2**:在前面的学习中,我们学过哪些解一元二次方程的方法? **教师引导**:昨天给大家留了预习任务以及预习作业,第一个问题是用配方法解问题 1 中的两个方程,第二个问题是类比求解系数是数字的一元二次方程的过程去求解一般形式的一元二次方程,你能用配方法求关于 x 的方程 $ax^2+bx+c=0\,(a\neq0)$ 的解吗?通过研判同学们的作业发现,大家都能够经过配方得到方程 $\left(x+\dfrac{b}{2a}\right)^2=\dfrac{b^2-4ac}{4a^2}$,但是解这个方程时大家出现了问题,主要有两类:第一类是有些同学不知道怎么解,第二类是有些同学对方程两边进行直接开方。请大家思考问题 3。 ▲**问题 3**:求方程 $\left(x+\dfrac{b}{2a}\right)^2=\dfrac{b^2-4ac}{4a^2}$ 的解,可以用直接开方法得到吗?如果可以对方程两边直接开方,那么开方结果是什么?请依此思路求出方程的根。如果不能直接开方,那么接下来该怎么办?	开门见山,让学生明确本节课的学习内容:用公式法解一元二次方程。同时,明确探究的难点:在求根公式的推导过程中,求方程 $\left(x+\dfrac{b}{2a}\right)^2=\dfrac{b^2-4ac}{4a^2}$ 的解,能否两边直接开方。

（续表）

教学环节	教学活动	设计意图
环节二：小组合作分析解决问题	**学生活动 1**：学生以小组形式讨论问题 3。 **学生活动 2**：小组成员在黑板上展示讨论结果。 教师对疑惑点和难点进行追问。 **追问 1**：对 $4a^2$ 开方的结果是什么？ 教师对学生的展示结果进行评价。	小组经过合作探究，分析出 $\left(x+\dfrac{b}{2a}\right)^2=\dfrac{b^2-4ac}{4a^2}$ 能否开方与代数式 b^2-4ac 的取值有关： 当 $b^2-4ac\geqslant 0$ 时，方程的解为 $x=\dfrac{-b\pm\sqrt{b^2-4ac}}{2a}$； 当 $b^2-4ac<0$ 时，方程无实数根。 学生在合作中提升了自己的合作探究能力，获得了很好的数学活动经验。
环节三：总结归纳得出本节新知	**师生活动**：师生共同总结归纳，由教师板书新知内容。 (1) $b^2-4ac>0$ 时，方程有两个不相等的实数根 $x=\dfrac{-b\pm\sqrt{b^2-4ac}}{2a}$ (2) $b^2-4ac=0$ 时，方程有两个相等的实数根 $x_1=x_2=-\dfrac{b}{2a}$ (3) $b^2-4ac<0$ 时，方程无实数根	学生在教师的引导下总结出关于 x 的一元二次方程 $ax^2+bx+c=0(a\neq 0)$ 的根的情况，发展了学生的总结归纳能力。
环节四：典型例题规范解答步骤	**师生活动**：由教师板书解方程的过程，规范书写格式。 **例**　用公式法解下列方程：$x^2-4x-7=0$。 **解**：$a=1,b=-4,c=-7$。 $b^2-4ac=(-4)^2-4\times 1\times(-7)$ $=44>0$。 方程有两个不相等的实数根： $x=\dfrac{-b\pm\sqrt{b^2-4ac}}{2a}$ $=\dfrac{4\pm\sqrt{44}}{2}$ $=2\pm\sqrt{11}$， 即 $x_1=2+\sqrt{11},x_2=2-\sqrt{11}$。	为学生示范用公式法解一元二次方程的过程，以及解答的规范格式。

(续表)

教学 环节	教学活动	设计意图
环节五： 课堂练习 内化应 用新知	▲问题4：用公式法解下列方程： $(1) -4x^2 + 12x - 9 = 0$；　　$(2) 2x + 1 = -2x^2$； $(3) (x+1)(x-1) = 2\sqrt{2}x$。 **学生活动1**：学生独立完成三个练习题的解答。 **学生活动2**：三名学生在黑板上解题。 **学生活动3**：评价解题结果。小组内成员互相评价，全体师生对板演学生的解题进行评价。 **师生活动**：总结归纳易错点，并在黑板上用彩色粉笔标注。 **易错点1**：方程形式应转化为一般形式。 **易错点2**：当方程的根中含有二次根式时，要检查二次根式是否为最简二次根式。 **易错点3**：如果方程有根，那么一定是两个根，所以呈现的结果应该有 x_1 和 x_2。	帮助学生巩固用公式法解一元二次方程的过程，规范解答格式。
环节六： 课堂小结 深化知 识结构	▲问题5：通过这节课的学习，你收获了什么？ **师生活动**：师生共同总结本节课的内容。 从知识上来看，学习了一种新的方法来解一元二次方程，即公式法。 从思想上来看，主要是应用了转化和化归的数学思想来解决问题。	梳理本节课的内容，回顾重点知识，总结思想方法，构建知识体系，发展学生总结和反思的能力。
环节七： 作业布置	**课后任务一** 1. 用公式法解下列方程： $(1) 4x^2 - 2x + \dfrac{1}{4} = 0$； $(2) 3(x^2 - 1) - 5x = 0$； $(3) x^2 + x = -5$； $(4) x(x-8) = 16$； $(5) 2x(x-3) = x^2 - 1$； $(6) (3x+2)(x+3) = x + 14$。 **课后任务二** 一元二次方程的求根公式为我们求解一元二次方程带	

（续表）

教学环节	教学活动	设计意图
	来了极大的便利。但在历史上，这个公式的出现并不容易。公元前两千多年的古巴比伦人猜想可能存在一元二次方程的求根规律，但由于当时还未承认无理数，所以未能总结出这一规律。随着人类文明的进步，数域的扩充，人们在经过了近三千年的猜想、验证之后，终于在公元830年由代数学之父阿尔花拉子米将一元二次方程的求根公式推导出来。请同学们查阅古人推导一元二次方程的材料，下节课以小组为单位进行展示。	
板书设计	用公式法解一元二次方程 解方程 $ax^2+bx+c=0(a\neq 0)$ （1）当 $b^2-4ac>0$ 时，方程有两个不相等实数根 $$x_1=\frac{-b+\sqrt{b^2-4ac}}{2a},$$ $$x_2=\frac{-b-\sqrt{b^2-4ac}}{2a};$$ （2）当 $b^2-4ac=0$ 时，方程有两个相等实数根 $$x_1=x_2=-\frac{b}{2a};$$ （3）当 $b^2-4ac<0$ 时，方程无实数根 例　$x^2-4x-7=0$ 解：$a=1$，$b=-4$，$c=-7$ $b^2-4ac=(-4)^2-4\times 1\times(-7)=44$ $$x=\frac{-b\pm\sqrt{b^2-4ac}}{2a}=\frac{4\pm\sqrt{44}}{2}$$ $$=2\pm\sqrt{11}$$ $x_1=2+\sqrt{11}$，$x_2=2-\sqrt{11}$	

（二）教学设计的评析

"用公式法解一元二次方程"这一教学设计是一个表格型的教学设计，该设计包括了内容分析、学情分析、教学目标、教学重难点、问题框架、教学方法策略、教学环节、板书设计等教学要素，结构上较为完整。教材分析和学情分析都比较具体丰富。对于教学目标，虽然没有用知识、能力和情感等小标题明确区分，但是目标内容却也涵盖了这三个方面。教学过程的各环节活动设计丰富，并阐述了设计意图，能较好体现教学目标的具体要求，较为合理，说明教师对于为何这么设计有充分的考虑，不是简单地凭经验而是经过了一定的思考的。总体来说，这是一份比较好的中学数学教学设计。

二、"可能性的大小"的教学设计

(一) 教学设计的内容

可能性的大小①

1. 教材分析

"可能性的大小"是苏科版《数学》八年级下册第八章第二节的内容。学生在第一节已经学习了确定事件和随机事件。必然事件发生的机会是 100％，不可能事件发生的机会是 0。本节课是对随机事件发生可能性的定性研究，在此基础上，第三节将对随机事件发生的可能性进行定量研究；九年级上册第四章将研究随机事件的等可能性。因而，本节课在初中数学概率课程中处于承上启下的地位。

2. 学情分析

八年级的学生已经具备丰富的生活经验，在此基础上，学生可以感知并猜想某些随机事件发生的可能性大小。

3. 教学目标

让学生经历"猜想—实验并收集、整理、描述数据—分析实验结果"的活动过程，并在活动中体验随机事件发生的可能性是有大有小的。

4. 教学重难点

（1）教学重点：在活动中感受随机事件发生的可能性是有大有小的；能对简单随机事件发生的可能性大小和影响因素做出定性判断。

（2）教学难点：通过实验活动检验猜想频率与可能性大小的关系。

5. 教学方法

实验探究法。

6. 教学过程

环节一：创设情境，导入新课

【师生活动】

同学们听说过"抛硬币规则"吗？（播放剪辑好的"抛硬币"视频）足球场上，裁判员抛硬币决定发球权；最强大脑比赛现场，主持人抛硬币决定谁先出题；在美国大选首场辩论赛中，裁判会通过抛硬币的方式来定首个问题。

师：抛硬币可能会出现哪些结果？

---

① 本案例由江苏苏州工业园区星湾学校杨清老师提供。

(**预设**)生(齐):正面朝上、反面朝上。

师:它们是什么事件?

(**预设**)生(齐):随机事件。

师:为什么要采用抛硬币的方式来决定发球权等呢? 在生活中,"不可能事件""必然事件"是不多见的,而随机现象是大量存在的,它们的不确定性对我们的生活有很大的影响,本节课我们将一起探讨随机事件发生的可能性大小。

(板书课题)

设计意图

视频中赛场上"抛硬币规则"背后的原因让学生产生好奇心,引导他们带着问题开启对新课的探究。同时,学生感受到数学源于生活,体会到数学在生活中的应用价值。

环节二:探索活动,领悟新知

┈┈┈┈┈┈┈┈┈┈┈┈┈【活动一　摸牌实验】┈┈┈┈┈┈┈┈┈┈┈┈┈

猜　想

问题 1:摸一次牌,会出现哪些不同的结果? 你能事先确定是什么结果吗?

问题 2:"摸到红牌"与"摸到黑牌"这两个事件中,哪一个发生的可能性大? 说一说你的理由。(2—3 名学生回答)

实　验

不透明的盒子中装有 6 张红牌,2 张黑牌。

活动要求:从盒子中摸 1 张牌,记下摸到的牌的颜色(每次摸牌前将牌摇匀打乱),摸完记录颜色后要将牌放回盒中。全班选 10 位学生每人摸 3 次牌完成实验,并将每次实验的结果填入表 2 - 3:(另选一位学生在黑板上负责画正字记录数据)。

表 2 - 3　摸牌实验统计表

实验结果	画记	频数	频率
摸到红牌			
摸到黑牌			

数据整理

将 30 次摸牌的结果进行汇总,摸到红牌的次数是多少? 摸到黑牌的次数是多少? 它们各占总次数的百分比是多少?(学生填表计算,教师引导学生对实验

数据发表意见,体会频率对随机事件发生的可能性大小的体现)

| 分析结果 |

问题3:你的猜想和实验结果一致吗?(学生回答,教师总结)

问题4:摸到红牌、黑牌的可能性与哪些因素有关?怎样才能让摸到黑牌的可能性比摸到红牌的大呢?怎样才能让摸到红牌的可能性更大呢?(学生讨论回答,教师板书)

教师总结板书:一般地,随机事件发生的可能性有大有小。

影响随机事件发生可能性大小的因素:数量的多少。

| 设计意图 |

问题1(2),学生先体会事件发生的不确定性,然后经历"猜想—实验并收集、整理、描述数据—分析实验结果"的活动过程,体验到随机事件发生的可能性有大有小。问题3、4,学生讨论影响可能性大小的因素,养成透过现象看本质的思维习惯。最后的开放性问题:"怎样才能让摸到黑牌的可能性比摸到红牌的大呢?怎样才能让摸到红牌的可能性更大呢?"使学生对影响随机事件发生可能性大小的因素有更深刻的理解。该实验从概率的角度看为"古典概率",为九年级学习"等可能条件下的概率(一)"做好了铺垫。

【活动二 转盘游戏】

转动如图2-5所示的转盘(转盘中各个扇形的面积相等)。

图2-5

| 猜 想 |

问题1:在转动之前,你能确定转动后指针将落在哪个颜色的区域上吗?

问题2:猜一猜,指针落在哪个颜色区域上的可能性最大?落在哪个颜色区域上的可能性最小?(多找几个学生说一说)

| 实验、整理数据 |

全班同学每人转动转盘1次,当转盘停止转动时,记录指针所落区域的颜色(落在边界的不算),并将实验结果填入表2-4。

表 2 - 4 转盘游戏实验统计表

实验结果	画记	频数	频率
指针落在红色区域			
指针落在白色区域			
指针落在黄色区域			

（学生填表计算，教师引导学生体会频率对随机事件发生的可能性大小的体现）

| 分析结果 |

问题 3：你的猜想和实验结果一致吗？（学生回答）

问题 4：影响指针落在哪个颜色区域上可能性大小的因素是什么？ 如果要使指针落在红色、白色、黄色区域的可能性大小相同，该怎么做？（学生讨论，教师板书）

教师总结板书：影响随机事件发生可能性大小的因素：面积的大小。

| 设计意图 |

全员参与，充分调动学生的积极性，再一次经历"猜想—实验—数据整理—分析结果"的活动过程，进一步体会随机事件发生的可能性有大有小，并认识影响可能性大小的因素。该实验从概率的角度看为"几何概率"，为九年级学习"等可能条件下的概率(二)"做好了铺垫。

环节三：当堂练习，巩固新知

【练习】

（1）在一副扑克牌中任意抽出一张牌，这张牌是大王的可能性与是红桃的可能性哪个大？

（2）小明任意买一张电影票，座位号是 2 的倍数与座位号是 5 的倍数的可能性哪个大？

（3）已知地球表面上海洋面积与陆地面积的比约为 7∶3，如果宇宙中飞来一块陨石落在地球上，那么"落在陆地上"与"落在海洋里"哪种结果的可能性大？

（4）议一议：

如图 2 - 6 所示，有 5 个装有球的袋子。从各个袋子中摸出 1 个球，摸到白球的可能性大小一样吗？ 请将袋子的序号按摸到白球的可能性从小到大的顺序排列，并尝试用"一定""有可能""很有可能""非常有可能""不可能"描述摸到白球的情况。

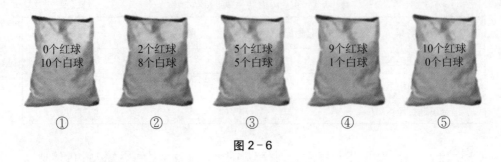

| ① | ② | ③ | ④ | ⑤ |

图 2－6

（第1—3题,学生独立完成,第4题同桌交流完成,教师评析）

> **设计意图**
>
> 第1—2题巩固了活动一:数量的多少影响可能性的大小;第3题巩固了活动二:面积的大小影响可能性的大小;第4题,通过同桌交流,尝试用"一定""有可能""很有可能""非常有可能""不可能"描述摸到白球的情况,体会探究可能性大小的趣味。

环节四:联系生活,拓展新知

【拓展】

（1）假设你和某篮球专业运动员一起投篮,谁投中的可能性比较大?

（2）一家人打算去吃火锅,有 X 和 Y 两家火锅店,你会选择哪一家呢?

（3）下列事情发生的可能性有大小之分,将这些事件的序号按发生的可能性从小到大的顺序排列:

① 从装有1个红球和2个黄球的袋子中摸出1个白球;

② 投掷1枚质地均匀的骰子,向上一面的点数是偶数;

③ 随意调查商场中的1位顾客,他是闰年出生的;

④ 随意调查1位青年,他接受过九年制义务教育;

⑤ 朝地面上抛掷1个小石块,石块会下落。

（学生先独立思考,再交流讨论,最后教师点评）

> **设计意图**
>
> 第1—2题为生活化的场景,学生进一步体会到影响随机事件发生可能性大小的因素还有很多,比如:实力、偏好、能力、口碑等。第3题有点小难度,多个事件发生的可能性大小也可以比较,关键在于分析它们的条件。

环节五：归纳小结，深化新知

【师生活动】

本节课，你有哪些收获？你能举例说出一些不确定事件发生的可能性是有大有小的吗？

设计意图

让学生谈本节课的收获，培养学生反思与小结的良好习惯。举例可从两个角度进行：①同一事件多种结果发生的可能性大小比较；②不同事件发生的可能性大小比较。

布置作业

【活动】

利用骰子，设计一个对游戏双方都公平的游戏方案。

设计意图

数学作业不仅有解题，还有有趣的方案设计。该作业打破了局限性，利用骰子可以设计出的对游戏双方都公平的游戏方案有很多，让学生尽情发散思维，学以致用。

7. 板书设计

8.2　可能性的大小

活动一　一般地，随机事件发生的可能性有大有小

活动二　影响因素：数量的多少、面积的大小、实力、能力、口碑……

（二）教学设计的评析

"可能性的大小"这一教学设计是一个文本型的教学设计，该设计包括了内容分析、学情分析、教学目标、教学重难点、教学方法、教学过程、板书设计等教学设计的基本要素，结构上较为完整。教材分析比较全面，能充分地考虑到所学内容的前后关联性，说明在设计教学之前教师对背景内容已有较好的了解。教学目标和教学重难点也比较明确，并在教学中得到了较好的体现。教学过程的内容丰富，既有动手操作活动，又有提问和预设回答等，且体现出层次性，每个环节能写出设计意图，说明教师的设计较为理性，思路清晰。总体来说，这是一份比较好的数学教学设计。

但是，该设计仍存在些许不足，主要表现在两个方面：一方面，教学内容的设计对于八年

级学生来说略显简单,重复性内容较多,环节二和环节三中的例子在作用上是重复的,可以减少一些,然后适当增加易理解不到位的例子;另一方面,在教学设计中缺乏对要点的总结归纳,在若干题目讲解后应考虑引导学生对同类事件的数学本质进行分析,让学生能举一反三,而不是见木不见林。

三、"线段的垂直平分线的性质"的教学设计

(一) 教学设计的内容

	课题	线段的垂直平分线的性质①
1	教学内容	本节课选自人教版《数学》八年级上册第十三章第一节"线段的垂直平分线的性质"。在此之前,学生已经学习了全等三角形,并对轴对称的性质有了深刻的认识,这为本节课打下了学习基础;线段垂直平分线的性质为证明线段相等和直线互相垂直提供了方向。因此,该教学内容在教材中起着承上启下的作用
2	学情分析	八年级的学生已经具备了一定的独立思考和探究能力,并能在探究过程中形成自己的观点,能在倾听别人意见的过程中逐渐完善自己的想法。学生已经掌握了用全等三角形证明线段相等和角相等的方法,这为性质的证明提供了知识准备。上一课时刚学完轴对称的性质,其间学生对线段的垂直平分线已经有了一定的认识,这也便于本节课内容的展开
3	教学目标	理解并掌握线段垂直平分线的性质;能灵活运用线段的垂直平分线的性质解题;经历线段的垂直平分线的性质探索和证明的过程,提高学生逻辑推理能力;通过教师引导和学生自主探究,增强学生对数学学习的兴趣,逐渐形成数学核心素养
4	教学重难点	教学重点:线段垂直平分线的性质定理的探究与证明过程 教学难点:线段垂直平分线的性质定理的理解和准确运用

5. 教学过程

(1) 复习回顾,理清概念。

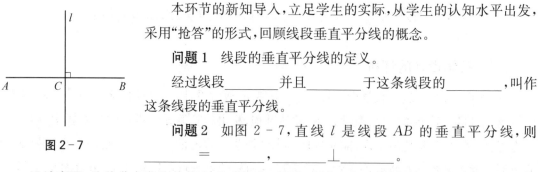

图 2-7

本环节的新知导入,立足学生的实际,从学生的认知水平出发,采用"抢答"的形式,回顾线段垂直平分线的概念。

问题1 线段的垂直平分线的定义。

经过线段_____并且_____于这条线段的_____,叫作这条线段的垂直平分线。

问题2 如图 2-7,直线 l 是线段 AB 的垂直平分线,则_____=_____,_____⊥_____。

设计意图:从数学内容的结构上看,"概念、性质、判定、应用"是探究平面图形的四个方面,概念是整个探究的始端,也是基础,更是探究图形性质、判定的"基石"。因此,本节课对

---

① 李伟尚. 构建一题一课,彰显几何直观——记"线段垂直平分线的性质"的教学与反思[J]. 中学数学研究(华南师范大学版),2023(18):34—36.

线段的垂直平分线的性质的探讨,以线段垂直平分线的概念为探究起点。

(2)新知探究,类比学习。

本环节的新知探究,主要采取"明确探究要素—度量长度,发现结论—提出猜想—证明猜想"的方式。

在"明确探究要素"这一环节中,先给学生抛出了以下三个问题:①探究线段垂直平分线的性质是要探究什么? ②探究线段垂直平分线的性质的起点在哪里? ③如何证明线段垂直平分线的性质?

问题①设计意图:教师引导学生明确探究对象的构成要素后,继续引导学生探究这些构成要素所具有的共同属性;学生根据之前的全等三角形的性质的探究过程的学习经验进行类比。由点动成线,容易确定本节课探究对象的构成要素为线段垂直平分线上的点。因此,探究线段垂直平分线的性质就是要探究线段垂直平分线上的点的共同属性。

问题②设计意图:学生已经复习回顾了线段垂直平分线的概念,掌握了线段垂直平分线的特征"$CA=CB,l\perp AB$",这是后续证明性质定理的重要依据,也是探究性质的起点。在明确探究起点之后,设计下面的数学活动,引导学生主动发现数学知识,培养学生的数学素养。

如图 2-8,直线 l 垂直平分线段 AB,且 P_1,P_2,P_3 是 l 上的点,分别量一量 P_1,P_2,P_3 到点 A 与点 B 的距离,你有什么发现?

$$P_1A=\underline{\hspace{2cm}} \text{cm}, P_1B=\underline{\hspace{2cm}} \text{cm};$$
$$P_2A=\underline{\hspace{2cm}} \text{cm}, P_2B=\underline{\hspace{2cm}} \text{cm};$$
$$P_3A=\underline{\hspace{2cm}} \text{cm}, P_3B=\underline{\hspace{2cm}} \text{cm}。$$

猜想:线段垂直平分线上的点到这条线段两个端点的距离\underline{\hspace{2cm}}。

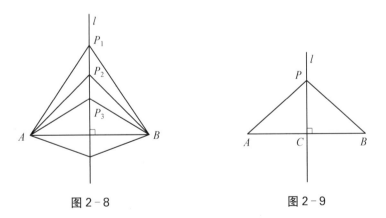

图 2-8   图 2-9

验证猜想:如图 2-9,已知直线 $l\perp AB$,垂足为 C,$CA=CB$,点 P 在直线 l 上,求证:$PA=PB$。

结论:线段垂直平分线上的点到这条线段两个端点的距离\underline{\hspace{2cm}}。

几何语言:$\because PC$ 垂直平分 AB,

$\therefore \underline{\hspace{2cm}}=\underline{\hspace{2cm}}$。

问题③设计意图:学生都能想到利用△ACP≌△BCP 证明 PA=PB。此时,抛出一个问题:"直线 l 上有无数个点,为什么只取一个点 P 就能代表直线上所有其他的点?"引导学生发现,虽然直线 l 上有无数个点,但是这些点满足的条件没有变,即"PC=PC",所以结论一定成立。向学生明确,这种方法叫作枚举归纳法,即将"无限个点"的特征转化为"有限个点"的特征来证明。在变化的过程中存在着不变,让学生感受数学的魅力。

(3) 巩固新知,一题多变。

数学变式问题的思维含量丰富,题目之间有联系与发展,又有辩证与统一,好的变式问题是培养科学严谨学习态度的有效载体,本环节的巩固新知主要设计了以下变式问题。

例 1 如图 2-10,在△ABC 中,DE 是 AC 的垂直平分线,∠C=50°。

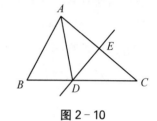
图 2-10

(1) 直线 DE 是△_____的对称轴;

(2) 图中相等的线段有_____;

(3) ∠DEA=_____°,∠DAC=_____°。

变式训练 1 如图 2-11,在△ABC 中,DE 是 AC 的垂直平分线,AB=10 cm,BC=21 cm,求△ABD 的周长。

变式训练 2 如图 2-12,在△ABC 中,DE 是 AC 的垂直平分线,AE=6 cm,△ABD 的周长为 15 cm,求△ABC 的周长。

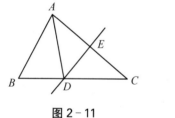
图 2-11

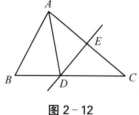
图 2-12

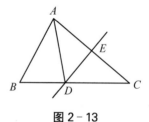
图 2-13

变式训练 3 如图 2-13,在△ABC 中,E 是 AC 的中点,DE⊥AC,BC=14 cm,△ABD 的周长为 24 cm,则 AB=_____。

设计意图:例 1 与 3 个变式训练旨在通过线段垂直平分线的性质对线段进行转化,用"已知"表示"待求"。例 1、变式训练 1 和变式训练 2 都是利用已知的线段垂直平分线,变式训练 3 是利用隐含的线段垂直平分线。在变式训练 1 的教学实施过程中,部分学生是通过证明三角形全等推出 AD=DC,从而计算出△ABD 的周长。数学讲究的是精简,不仅要做到答案正确,还要寻找最优的解法。变式训练 1 的解答如果采用三角形全等的方法,就显得较为烦琐,而利用线段垂直平分线的性质很快就能获得结论,学生能感悟到利用这一性质的便捷性。通过一系列的变式,向学生展示数学问题的演变,学生的知识迁移和发散能力得到了发展。

(4) 拓展提升,举一反三。

举一反三能力的培养并非一蹴而就,需要厚积薄发。逻辑思维品质是数学品质的核心,理性精神也是数学素养的集中体现。线段垂直平分线的性质是证明线段相等的重要依据,对于培养学生逻辑思维和理性精神具有重要作用,因此,在拓展提升环节设计了如下例题和变式。

例2 如图 $2-14$,AM 是 $\angle BAC$ 的角平分线,MF 是线段 BC 的垂直平分线,$MD \perp AB$ 于点 D,$ME \perp AC$ 于点 E,求证:$BD = CE$。

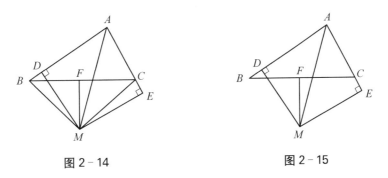

图 $2-14$ 图 $2-15$

变式训练 如图 $2-15$,MF 是线段 BC 的垂直平分线,$MD \perp AB$ 于点 D,$ME \perp AC$ 于点 E,且 $BD = CE$,求证:AM 是 $\angle BAC$ 的角平分线。

设计意图:本节课的题目难度循序渐进,立足线段垂直平分线的性质,在培养学生逻辑思维能力的同时,也提升了学生的数学素养。有部分学生对于角平分线的性质和线段垂直平分线的性质比较生疏,还是习惯证明三角形全等得到边相等,此时教师需鼓励学生尝试用新知识去解决问题。变式训练需要添加辅助线,可引导学生认识到,在遇到线段垂直平分线上的点时,通常可通过连接这个点和线段的两个端点,得到相应的两条线段相等。例2和变式训练体现了培养学生理性思维的四个阶段:求是、求真、求新、求美。

(5)课堂小结。

问题1:请同学们回顾并总结本节课学习了哪些内容。

问题2:本节课涉及了哪些数学思想方法?

2. 板书设计

线段的垂直平分线的性质

线段垂直平分线的性质定理

线段垂直平分线上的点到这条线段两个端点的距离相等。

符号语言:$\because PC \perp AB$,$CA = CB$,

$\therefore PA = PB$。

例 已知直线 $l \perp AB$,垂足为点 C,$CA = CB$,点 P 在直线 l 上,求证:$PA = PB$。

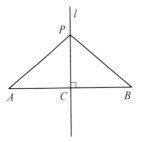

(板书证明过程)

（二）教学设计的评析

上述"线段的垂直平分线的性质"这一课时的教学设计是一个混合型教学设计,该设计包括了内容分析、学情分析、教学目标、教学重难点、教学过程、板书设计等要素,结构上较为完整,每个教学要素的阐述也较为准确。其中,教学过程的设计采取"复习回顾—新知探究—巩固新知—拓展提升—课堂小结"的教学方式。复习回顾环节采用"抢答"的形式调动学生的学习积极性和参与性;新知探究环节由教师引导,学生通过操作、观察、猜想、验证等活动探究线段垂直平分线的性质;巩固新知与拓展提升环节设计了多个变式训练,向学生展示数学问题的演变,提高学生的知识迁移和发散能力,提升学生的数学核心素养;课堂小结环节引领学生梳理本课的核心内容,归纳解题方法,领悟数学思想方法。整体来看,教学过程结构清晰,意图明确。在探究线段垂直平分线的性质时,选择使用几何画板,让学生直观看到线段长度的数据变化和线段之间的等量关系,更好地帮助学生理解线段垂直平分线的性质,培养学生的几何直观。同时,设计的系列变式和问题,以问题为驱动,引导并培养学生用不变的眼光去看待变化,体会从特殊到一般、分类讨论、转化与化归等数学思想方法。

总的来说,这是一份比较规范的教学设计。但是该教学设计仍存在些许不足,主要表现在以下四个方面:一是教学目标的设计,可进一步明确本节课指向的数学核心素养要素,要渗透的主要数学思想方法;二是教学活动形式的设计还可以更加丰富,在注重变式训练的同时,可以考虑设计一些引导学生自主合作探究的任务;三是教学内容的设计,在变式问题的选择上可以给学生设置一定的梯度,如例 2 的变式在例 2 的暗示下给学生的思考空间就相对有限;四是重点内容的突出还有待加强,从特殊到一般、分类讨论、转化与化归等数学思想方法在教学中虽然都有渗透,但是在教学过程及板书设计环节体现得都还不够充分。

四、案例评析小结

上述的教学设计案例仅供参考,因为即使相同的授课教师、相同的教学内容,在针对不同的学生教学时,也会有不同的设计。学生的知识基础不同、思维特征不同,教学的目标也会有差异,需要有不同的教学设计。这可能是市面上很少有具体的教学设计案例类书籍的原因,即使有也是仅供参考,教师对其要有清醒认识,切勿"拿来主义"。任何他人的教学设计、课件都只能作为参考,不能照搬照抄。每个教师都有自己的教育观,要根据自己和学生的具体情况,主动构思教学思路。只有这样,在实施课堂教学时才能更有自信,更得心应手,教学效果也才会更好。

在撰写教学设计之前,前端分析很重要,切勿匆忙上阵,教师应该仔细思考以下几个方面的问题。

（一）这个教学知识点的学科内涵到底是什么

这是教师实施教学的基础。教师需要明确这个教学知识点的本质是什么、是属于哪种类型的知识、具体表述了什么、是否有不同的表述等。例如,在教学"负数"时,既要明确"负数"的概念是怎么表述的,也要理解其本质内涵,并分析什么是本节课所需要传递的学科重点。在该知识点中,负数的辨别及其意义是关键,教师在教学中不要纠结于"负数"定义的表述,否则就会引起咬文嚼字型的理解,陷入对什么是负数的讨论,而错过对负数意义的领会。尽管初中数学在学科知识内容上还算简单,但是听课过程中还是发现有些教师会犯学科知识方面的错误。如果在设计教学时,对教学知识点多一些全面和细致的思考,那么就可以避免这些问题。另外,数学中有一些概念和名称是人为约定的,教师要认识到这一点,即使学生有不同的说法,只要合理的就要先肯定,然后再告诉他们统一约定的必要性。

(二) 学生学过哪些和这个教学知识点有关的内容,在教学中要讲到什么深度

在教学中,从已知到未知是一个重要过程,经由此学生才能建立起知识的有效联结,所以在设计教学时教师需要思考学生之前已学过哪些知识,包括上节课学了什么知识,和这个主题相关的知识学生学了哪些等。想好这些问题,对如何设计引入很重要。然后,教师要思考这个知识点中什么是最关键且学生一定要掌握的,哪些是学生最好能掌握的,哪些是这节课还不需要重点关注的。

(三) 这节课要达到什么目标

前面两个问题思考好了,接下来就可以确定目标,教学目标要相对具体,不能太笼统、太宽泛。目标的确定以知识性为主,但不能仅仅限于知识性目标,也要兼顾能力性和情感性教学目标。同时,可以对目标进行分级,设置对数学知识的不同程度的掌握要求,而教学环节的设计与各知识的不同程度掌握情况相对应,这样的教学设计就较为严谨。

(四) 这节课的大致授课进程如何

在目标确定后,就要围绕教学目标思考教学的大致流程,这时候是粗略的,主要从大局观角度思考教学过程大致分为几个环节,再安排每个环节的时间比例和大致目的。这种大框架确定后,就可以搜集资料来制作教学课件和教具。在制作教学课件过程中可以反过来修改教学设计的框架结构,等教学课件制作完毕,可以撰写详细的教学设计,争取做到既满足教学设计的合理性,又达到课堂教学实施的有效性。

━━━ 思考与练习 ━━━

1. 什么是数学教学设计?
2. 数学教学设计的基本结构有哪些?

中学数学课堂教学语言技能的认识与提高

　　课堂教学语言是教师开展教学活动时最为常见的行为,是教师实施课堂教学最为重要的媒介,对学生的学业成就和身心发展都有直接的影响,在教育教学中扮演着关键的角色。教师的课堂教学语言能力,是教师专业化水平的重要体现。中学数学教师应该通过各种途径提升自己的课堂语言表达能力。

第一节　中学数学课堂教学语言技能的认识

一、中学数学教师课堂教学语言技能的重要性

　　课堂教学语言对课堂教学的重要性不言而喻,它是课堂教学最主要的构成元素,是开展课堂教学活动的重要工具,课堂中的大部分时间都被语言占用①。课堂教学语言是教师在课堂教学中向学生传授知识最主要的手段,以课堂教学语言为载体的教学行为,占课堂所有教学行为的 80% 左右②。《义务教育数学课程标准(2022 年版)》中指出:"教学活动应注重启发式,激发学生学习兴趣,引发学生积极思考、鼓励学生质疑问难。"③《普通高中数学课程标准(2017 年版 2020 年修订)》中指出:"教师要把教学活动的重心放在促进学生学会学习上,积极探索利于促进学生学习的多样化教学方式,不仅限于讲授与练习,也包括引导学生阅读自学、独立思考、动手实践、自主探索、合作交流等。"④这些都表明,教师的课堂教学语言是课堂的生命所在,也是课堂教学的活力所在。爱因斯坦曾说:"一个人的智力发展和他形成概念的方法在很大程度上是取决于语言的。"中学数学教师的课堂教学语言,不仅直接影响中学数学知识的传授,而且在很大程度上也将影响中学生的数学思维方式、创造力、数学表达能力和数学学习习惯的培养。

　　教师在课堂中运用恰当的语言,可以启发学生积极思考,拨动学生的心弦,对学生产生

---

① 贾美华,李美娟.优质课的教学语言特征初探——基于优质课与低效课比较的视角[J].基础教育课程,2020(Z1):88—94.
② KENNETH D M. Classroom teaching skills [M]. New York: McGraw-Hill, 1922:57.
③ 中华人民共和国教育部.义务教育数学课程标准(2022 年版)[M].北京:北京师范大学出版社,2022:3.
④ 中华人民共和国教育部.普通高中数学课程标准(2017 年版 2020 年修订)[M].北京:人民教育出版社,2020:83.

心理、感情上的催动和激励作用,教师一句点拨、启示性的话,有时能使学生顿开茅塞①。课堂教学中,教师精心的提问能够激发学生的学习兴趣,指引学生的思维方向,教师的评语也能给予学生正确的反馈②。调查表明,有85%的学生认为教师课堂教学语言的吸引力是课堂有趣味的主要原因,其中有45%的学生认为教师课堂教学语言对学习态度的影响很大,有40%的学生认为其影响较大③。学生认为轻松幽默的课堂教学语言可以化解教师教学中的紧张疲劳,让自己在轻松愉快的环境中学习,提高学习的效率④。俄国教育家乌申斯基曾说,如果你把课讲得生动些,那么你就不会担心儿童闷得发慌。课堂教学语言的趣味性是吸引学生注意力的有效方式,不过必须掌握好其中的"度"。

教师的语言表达能力不仅会影响学生的数学学习,也会影响学生的语言表达能力。课堂教学语言是教师课堂教学表达的主要方式,课堂教学中能否顺利开展活动,有效地进行师生间信息的传递、情感交流和沟通,完成教学任务,实现教学目的,很大程度上取决于教师的课堂教学表达艺术⑤。从符号学角度看,语言符号本身就是交流的媒介,课堂教学语言不是一个个语符的累积,而是具有交际目的的语言⑥。学生通过与教师的语言交流,可以从其课堂教学语言的修养和水平中习得美好的品格,发展核心素养。数学学科知识体系复杂,概念抽象,数学思想中的方程思想、函数思想、模型思想、转换思想、数形结合思想等,对于中学生而言,理解和运用起来有一定的难度,因此数学教师需要将抽象的数学符号语言经过多次加工传授给学生,以符合中学生的认知发展特点。所以,中学数学教师的课堂教学语言技能对数学课堂教学质量有着十分重要的影响,也是衡量教师自身专业水平的重要标志,教师应当引起足够的重视。

二、中学数学教师课堂教学语言技能的基本要素

教师课堂教学语言技能的水平主要可以从语言表达的类型和语言表达的形式两个方面来衡量。

(一) 中学数学教师课堂教学语言行为的基本类型

为研究教师的课堂教学语言行为,首先需要对教师的意向行为进行分类。不同视角下的教师课堂教学语言结构不尽相同。例如,按照教学环节,教师课堂教学语言可分为导入语、提问语、阐释语、应变语和结束语⑦。按照语言功能,教师课堂教学语言可分为组织教学语

① 罗树华,李洪珍.教师能力学(修订本)[M].济南:山东教育出版社,2000:62.
② 胡飞.浅谈课堂教学的语言魅力[J].上海教育科研,2010(1):83—84.
③ 刘晓伟.教学语言的造境功能[J].中国教育学刊,2011(7):37—39,47.
④ 宋其蕤,冯显灿.教学言语学[M].广州:广东教育出版社,1999:142.
⑤ 李如密.中学课堂教学艺术[M].北京:高等教育出版社,2009:135.
⑥ 徐敏,李如密.教学语言的特点、功能及策略的符号学审视[J].教育学术月刊,2016(8):100—105.
⑦ 郭启明,赵林林.教师语言艺术(修订本)[M].北京:语文出版社,1998:13.

言、系统讲授语言、教学辅导语言和教学态势语四种类型[1]。按照语言性质,教师课堂教学语言可分为反馈性、激励性、引导性、提问性、陈述性、命令性、重复性、过渡性和追问性语言九种类型[2]。黄友初、陈杰芳、尚宇飞等人进一步对数学优质课堂的提问性语言、陈述性语言、反馈性语言、管理性语言和过渡性语言五种课堂教学语言类型的基本特征进行了分析[3]。叶立军结合课堂观察和录像分析,将教师的数学课堂教学语言分为反馈性语言、激励性语言、赞成启发性语言、提问性语言、陈述性语言、命令性语言和师生共同重复语言等七种类型[4]。这七种类型的课堂教学语言的具体含义如下。

反馈性语言:接纳学生的情感,即以一种不具威胁性的语言,接纳或澄清学生的态度或情感。

激励性语言:表扬或鼓励,即对学生的语言、动作或行为进行表扬或鼓励。

赞成启发性语言:接受或利用学生的想法,适当扩大或发展学生所提出的意见或想法。

提问性语言:以教师的意见或想法为基础,询问学生有关的内容或步骤,期待学生会回答。

陈述性语言:就内容或步骤提供事实或见解;表达教师自己的观点,提出教师自己的解释,或者引述别人(非学生)的看法。

命令性语言:指令或命令等期望学生服从的语言。

共同重复语言:当学生回答正确时,老师和全班学生一起重复正确的答案以加深学生的记忆。

此外,叶立军、李燕、斯海霞等人基于语言学的言语行为分类,将数学教师课堂教学语言分为肯定式语言(包含陈述、认定、断言)、承诺式语言(含许诺、保证)、祈使式语言(包含请求、命令等)、询问式语言、表情式语言、宣告式语言等六类[5],以对新老教师的课堂教学语言进行比较分析。这六种类型的课堂教学语言的具体含义如下。

肯定式语言:是指就内容或步骤提供事实或见解;表达教师自己的观点,提出教师自己的解释,或者引述别人的看法。对事实的陈述,是把肯定的内容纳入师生双方的视野中。教师的陈述、认定和断言等都属于肯定式语言。

承诺式语言:是指师生双方打算做某件事。比如:"接下来,我们探讨一下证明这两个三角形全等的方法。"

祈使式语言:是指期望学生能完成教师的愿望。比如,"同学们,请保持安静"等用于维护课堂秩序、保证课堂有序进行的管理性语言。

---

① 韦志成.教学语言论[M].南宁:广西教育出版社,2001:142.
② 黄友初.教师课堂教学行为的四个要素[J].数学教育学报,2016,25(1):72—74.
③ 黄友初,陈杰芳,尚宇飞.小学数学优质课堂的教学语言特征研究[J].课程·教材·教法,2021,41(4):105—111.
④ 叶立军.数学教师课堂教学行为研究[M].杭州:浙江大学出版社,2014:104.
⑤ 叶立军,李燕,斯海霞.初中数学新老教师课堂教学语言比较研究[J].数学教育学报,2015,24(4):40—43.

询问式语言：是指以教师的意见或想法为基础，询问学生有关的内容或步骤，期待学生会回答。

表情式语言：是指接受或利用学生的想法，适当扩大或发展学生所提出的意见或想法。比如，"下面我们进行一个小组讨论"等为了更好地衔接各个教学环节，充分发展学生想法的语言。

宣告式语言：是指表扬或鼓励，即对学生的语言、动作或行为进行表扬或鼓励。比如，"你回答得真棒""你说得非常全面"等对学生的表现做出回应、评价和判断的语言。

由此可见，对于课堂教学语言的类型，虽然有不同分类标准下的各种不同类型，但是总体来说，陈述性语言和提问性语言往往都是课堂教学语言类别中的重要组成部分。

对于陈述性语言，数学教师在课堂中使用这些语言的主要目的在于陈述数学知识、解释数学题目或者进行课堂教学的过渡。在中学数学课堂教学中，教师需要用语言描述数学情境，帮助学生理解数学问题，也需要用语言阐述数学概念、定理和性质，用语言分析数学题目的解答要点和过程，用语言描述数学任务。教师在陈述的时候，讲什么内容以及如何讲等都十分关键，既不能"满堂灌"，什么都教师自己讲，又不能什么都不讲，让学生自己去发现。在讲授的同时，还要及时观察学生的反应，如果发现学生可能还没有听懂，那么教师可以换一个角度来阐述，或者降低难度，从特殊或类似情形入手，帮助学生理解。

对于课堂提问，它是课堂教学中最为普遍的教学行为之一，严格意义上也属于课堂语言行为。在课堂教学中，教师的提问必定是十分频繁的，教师需要通过提问与学生互动交流，检验学生的学习情况，也需要通过提问更好地帮助学生理解课程内容。除此之外，课堂提问也是教师切换教学环节，推进课堂教学进程的重要方式。从形式上看，提问性语言可以分为单一提问和连环提问，但是问什么、怎么问都会对学生的思维产生很大影响。有的问题很有质量，能较好引导学生思考，而有的问题比较"低级"，学生只需简单回答"好""可以""对"等就可以。布鲁姆基于认知水平的不同层次，将认知领域分为六个层次，即知识、理解、应用、分析、综合、评价。有学者以此理论为参考，将教师的课堂提问分为管理、识记、重复、提示、理解、评价等六种类型[①]，这种分类较为细致。还有学者将课堂提问分为过渡性提问、识记性提问、理解性提问和应用性提问等四种类型，具体如下。

过渡性提问：教师的提问目的主要在于教学环节的过渡，有时与数学学科内容关系不大，但大多时候需要学生集体回答，表示征求意见且语言有暗示之意。比如："对不对？""明白了吗？""和其他小组的结果是一样的，大家说对吗？"。

识记性提问：根据事物的基本要求、基本材料提问，如要求对概念、定理、性质、步骤、材料等进行简单复述；或是简单的回忆性提问，只需从记忆中提取材料，并不需要学生理解所学的知识。比如："勾股定理是什么？""你看到了什么？"。

① 叶立军.数学教师课堂教学行为研究[M].杭州：浙江大学出版社，2014：66.

理解性提问:教师应用相关知识启发学生进行思考,要求学生能够用自己的话对问题进行叙述,表明想法。这类水平的提问需要学生经过观察和思考后给出回答。比如:"为什么图形 1 的面积是图形 2 面积的两倍?""你为什么在这里画等号?"。

应用性提问:要求学生能够分析事实或现象,厘清事物间存在的内在关系,结合所学知识进行思考、归纳、总结,并应用于解决某些问题。这类水平的提问需要学生在理解的基础上综合分析然后给出回答。比如:"多边形的外角和有什么特征?"。

(二)中学数学教师课堂教学语言的基本形式

教师在表达时,不仅讲什么内容很重要,而且这个内容是以什么样的语气说出来,带着怎样的神态和表情,是否伴随相应的手势动作,语音和语调如何,语速快了还是慢了,这些对于语言内容是否能被正确传达和有效接收也很重要。一般来说,包括神态、手势在内的肢体语言,包括语气、语速和语调在内的语言载体,都可以归为教师的课堂教学辅助性语言,且这些教学辅助性语言对于教学内容的有效传达和接收会有一定的影响。特别地,肢体语言与语言载体是教师课堂教学语言表达的基本形式,是教学辅助性语言的构成部分,具体内容如下。

- 肢体语言:教师的课堂教学肢体语言是指教师在用声音表达的同时,通过手势动作和面部表情的配合,以更形象、有效的方式传递所需表达的信息。
- 语言载体:主要指教师在表达时用怎样的语气、语调和节奏。其中,语气可分为疑问语气、陈述语气、感叹语气和祈使语气等;语调可分为升调、降调、平调、重音和轻声等;节奏可分为语速和停顿,语速是整句话的表达速度,停顿是两句话之间的停留时间。

研究发现,新手教师和专家型教师的教学辅助性语言存在较大差异。例如,有学者研究发现,新手教师的语言表达啰唆、不严谨、口语多、不规范,甚至出现大量代替学生"读题"的现象,而且语速过快[1]。也有学者研究发现,在语调、语感、理性语言、目光语和表情语方面,专家型教师明显优于非专家型教师[2]。还有学者认为音量、音高、声调、节奏、语速、笑声、感叹声等语言载体,对话语意义作用重大,可使课堂教学语言更优美和具有形象性,摆脱呆板的讲解,它具有表达情感、替代言语和信息传递等功能[3]。这些都表明,肢体语言和语言载体等辅助性语言与语言内容结合的重要性,中学数学教师在课堂教学语言技能训练中,应该注重辅助性语言的多样性和合理性。

此外,辅助性语言对课堂教学的生动与否有着重要的影响,也是专家型教师的主要特色之一,职前教师和新手教师在训练时可以有意识地开展尝试,达到灵活又合理运用的程度,

① 张淑敏.专家—新手教师数学课堂教学语言比较研究[D].赣州:赣南师范学院,2015:1.
② 王佳.专家型教师与非专家型教师教学语言行为对比的实证分析[D].大连:辽宁师范大学,2010:20.
③ 吴鑫.语体学视野下的教师语言研究——以中学语文教师语言为例[D].杭州:浙江工业大学,2014:68.

这样可以让中学数学的课堂教学更具吸引力。

第二节　中学数学教师课堂教学语言的个案分析

在课堂教学中,教师驾驭语言能力的高低,对教学效果有着直接的影响。专家型教师往往有着较高的课堂教学语言驾驭能力,而新手教师往往缺乏必要的课堂教学语言能力。因此,很有必要对专家型教师和新手教师的课堂教学语言进行分析,为探究教师课堂教学语言问题提供证据,为探寻提升教师的课堂教学语言能力的策略提供抓手。

一、专家型教师课堂教学语言的个案研究

本部分主要介绍叶立军对专家型教师的课堂教学语言进行分析和比较的研究方法、研究过程、研究结论与启示[1]。

(一) 研究方法

1. 研究目的

通过比较两位专家型教师在数学课堂教学中的教学语言,研究专家型数学教师课堂教学语言的特点及差异。

2. 研究对象

分别选取两位数学教师 A、B 作为研究对象,两位教师均为专家型教师,且所授课班级学生的成绩水平相当,没有较大差异。两位教师的具体信息如表 3-1 所示。

表 3-1　研究对象(专家型教师)基本信息

教师编号	教龄	职称	相关荣誉
A	26	中学高级	某省特级教师,在省内有一定影响力
B	25	中学高级	学校的骨干教师

3. 研究材料

采用同课异构的方法,选取浙教版《数学》七年级上册“4.5 合并同类项”作为研究内容。在此之前,学生已经学习了整式的概念,对代数式的有关知识有所了解,本节课通过引导学生开展识别同类项及合并同类项的实践活动,带领学生经历用数学知识解决实际问题的过程,感受字母表示数的优越性,进一步体会代数式的表示作用,并为后面学习整式的加减等知识内容奠定基础,起到承上启下的作用。

---

① 叶立军. 数学教师课堂教学行为研究[M]. 杭州:浙江大学出版社,2014:112—118.

本节课的教学重点是同类项的概念和合并同类项的法则,教学难点是学会合并同类项。

4. 研究工具

结合本章第一节中给出的课堂教学语言行为类型,对教学录像进行编码、量化统计,并对数据进行比较分析。结合课堂观察和文字实录,将教师的课堂教学语言行为分为反馈性语言、激励性语言、引导性语言、提问性语言、陈述性语言、命令性语言、重复性语言、过渡性语言和追问性语言等九种类型。其中,反馈性语言、激励性语言、重复性语言、过渡性语言和追问性语言是教师在学生的反应后做出的反应性语言。

同时规定,一句完整连续的话作为一句语言。

(二) 研究过程

本研究过程包括六个步骤:拍摄课堂教学录像,进行课堂文字实录,结合文字实录与录像进行教师和学生的行为分析,根据语言类型的分类对每一句语言进行分类并统计数据,对统计数据进行分析,得出结论。

1. 课堂教学录像的拍摄

由于教师 A 和教师 B 都来自实验学校,教师及学生已经适应了长期有摄像机拍摄课堂录像的教学环境。本研究的两堂课是这两位教师开展的常态课,两堂课都能够比较真实、客观地反映两位教师日常的课堂教学状况。

2. 课堂文字实录和行为分析

根据课堂教学录像做了课堂教学文字实录,即把教师和学生在课堂上的语言和课堂行为情况进行了文字记录。实录中教师和学生的语言与课堂上的话语一致,没有做任何修改与调整。根据文字实录并结合录像分析,对教师和学生的行为进行了时间编码及分析编码。

(三) 研究结论

1. 两位教师都比较注重课堂教学语言的运用,且以提问性语言为主,课堂教学语言时间都超过了整节课的 60%

两位教师的课堂教学语言的次数及时间如表 3-2 所示。

表 3-2 两位教师课堂教学语言的次数和时间

教师	课堂教学语言		
	次数/次	时间/秒	时间占比/%
A	237	1982	69.45
B	341	1616	64.60

可以发现,两位教师使用课堂教学语言的次数有所不同,教师 A 是 237 次,教师 B 是

341 次,但是两位教师的课堂教学语言的使用时间却很相近,都超过了整节课的 60%。其中,教师 A 的时间占比是 69.45%,教师 B 的时间占比是 64.60%。

此外,两位教师在使用不同类型课堂教学语言的分配上也很相似。总体来看,两位教师的"引导性语言""提问性语言""追问性语言"出现较多,"过渡性语言"和"激励性语言"的占比较少。其中,教师 A 用在"追问性语言"上的时间占比最多,教师 B 用在"引导性语言"上的时间占比最多。

2. 两位教师在组织教学和小结两个环节使用的课堂教学语言较少,而在其他几个教学环节使用课堂教学语言相对较多

综观两节课,可以发现,教师 A、B 的课堂教学大体包括了组织教学、引入新课、讲解新知、例题讲解、练习与小结等六个环节。两位教师在不同教学环节中的课堂教学语言使用次数及其占比如表 3-3 所示。

表 3-3　两位教师在不同教学环节中的课堂教学语言使用次数及占比

教学环节	课堂教学语言			
	教师 A		教师 B	
	次数/次	占比/%	次数/次	占比/%
组织教学	4	1.69	3	0.88
引入新课	21	8.86	107	31.38
讲解新知	78	32.91	67	19.65
例题讲解	33	13.92	74	21.70
练习	78	32.91	82	24.05
小结	23	9.71	8	2.35

可以发现,在组织教学、引入新课、讲解新知、例题讲解、练习与小结这六个环节中,两位教师在不同环节使用课堂教学语言的次数存在明显差异。

3. 两位教师在各种课堂教学语言的使用分配上存在一定差异

两位教师在自己的课堂教学中使用各种教学语言的次数如表 3-4 所示。

表 3-4　两位教师使用九种课堂教学语言的次数

课堂教学语言	次数/次	
	教师 A	教师 B
反馈性语言	30	30
激励性语言	16	5

(续表)

课堂教学语言	次数/次	
	教师A	教师B
引导性语言	39	91
提问性语言	36	90
陈述性语言	19	29
命令性语言	23	21
重复性语言	18	25
过渡性语言	12	7
追问性语言	44	43
总数	237	341

可以发现,两位教师在自己的课堂教学中都使用了这9种课堂教学语言,但教师A在各种语言的使用次数上分配比较均匀,教师B在不同语言的使用次数上分配差距较大,较多地使用了引导性语言和提问性语言。教师A使用追问性语言的次数最多(44次),占比约为18.57%,接近整节课的五分之一;教师B使用引导性语言最频繁(91次),占比约为26.69%,接近整节课的三分之一。

4. 两位教师的课堂教学语言主要集中在引入新课、讲解新知、例题讲解和练习四个环节,但在相同环节中两位教师的课堂教学语言使用时间占比存在一定差异

两位教师在四个教学环节中使用课堂教学语言的时间占比情况如表3-5所示。

表3-5　两位教师在四个教学环节中使用课堂教学语言的时间占比

教学环节	课堂教学语言的时间占比/%	
	教师A	教师B
引入新课	8.86	31.38
讲解新知	32.91	19.65
例题讲解	13.92	21.70
练习	32.91	24.05

可以发现,教师A在引入新课环节中使用课堂教学语言的时间占比为8.86%,在讲解新知、练习两个环节中使用课堂教学语言的时间占比都是32.91%,所占比例较大;教师B在引入新课、讲解新知、例题讲解和练习四个环节上都使用了大量的课堂教学语言。特别地,教师B在引入新课中使用课堂教学语言的时间占到了全部语言使用时间的三分之一,与教师

A 的差异较大。教师 B 在讲解新知、例题讲解、练习三个环节中使用课堂教学语言的时间占比都在 22％以上，这三个环节中使用的课堂教学语言占了整节课的三分之二，这些数字充分说明教师 B 较为注重新知识的引入，把引入放在了首位。教师 A 把 32.91％的语言用在了练习上，可见教师 A 在课堂上较为注重解题教学，解题教学是其教学重点之一。

5. 两位教师使用过渡性语言和反馈性语言的比例存在差异

两位教师使用不同课堂教学语言的次数占比情况如表 3－6 所示。

表 3－6　两位教师使用不同课堂教学语言的次数占比

课堂教学语言	次数占比/%	
	教师 A	教师 B
反馈性语言	12.66	8.80
激励性语言	6.75	1.50
引导性语言	16.46	26.60
提问性语言	15.19	26.30
陈述性语言	8.02	8.50
命令性语言	9.70	6.30
重复性语言	7.59	7.30
过渡性语言	5.06	2.10
追问性语言	18.57	12.70

可以发现，教师 A、B 使用过渡性语言的比例分别为 5.06％和 2.10％，教师 A 使用过渡性语言是教师 B 的两倍多。两位教师使用反馈性语言的比例都接近全部语言的 10％，其中，教师 A 使用反馈性语言占 12.66％，教师 B 使用反馈性语言占 8.8％。教师 A 的反馈性语言占比与其提问性语言占比非常接近（反馈性语言占 12.66％，提问性语言占 15.19％），而教师 B 的反馈性语言不足提问性语言的三分之一（反馈性语言占 8.8％，提问性语言占 26.3％）。相比较而言，教师 A 在课堂中更加注重过渡性语言和反馈性语言的使用。

（四）启示

1. 教师应适当增加反馈性语言，及时反馈学生的学习行为以提高学生的学习积极性

《义务教育数学课程标准（2022 年版）》中明确指出，评价不仅要关注学生数学学习结果，还要关注学生数学学习过程，激励学生学习，改进教师教学[①]。在教学中，教师对学生回答的反馈极其重要。教师的及时反馈，能够对学生的参与行为进行评价，使学生明确自己的行为

---

① 中华人民共和国教育部.义务教育数学课程标准(2022 年版)[M].北京:北京师范大学出版社,2022:3.

是否正确,以调动学生的学习积极性,提高学生的学习兴趣。案例中的两位教师,教师 A 使用反馈性语言较多,而教师 B 使用反馈性语言较少。同时,教师应注意对学生情感、态度等的反馈,适时使用反馈性语言,以提高学生的课堂参与度。

2. 教师应合理地使用过渡性语言,使学生明确教学目的,更好地参与课堂教学活动

过渡性语言能使教学流程自然地从课堂的一个环节转到下一个环节,确保课堂教学主线分明,学生学习的目的性更加明确。教师合理地使用过渡性语言,可以使学生了解教师的教学目的。实践证明,适当地增加过渡性语言有利于学生思维的衔接和降低学生思维上的跨度。在本案例中,教师 A 使用过渡性语言占课堂教学语言的 5.06%,教师 B 仅占 2.10%,这说明,教师 B 应在课堂教学中适当增加一些过渡性语言以让学生更好地明确教师的教学目的。

3. 教师应在各个教学环节合理地掌控各种课堂教学语言的使用时间,灵活应用不同类型的课堂教学语言

在课堂教学中,学生是主体,教师是主导,教师在各个教学环节中合理地使用不同类型的课堂教学语言是至关重要的。不同的教学环节需要不同类型的课堂教学语言,教师要掌控好各种课堂教学语言的使用时间。如果课堂教学语言类型应用不恰当,或课堂教学语言的使用时间掌控不合理,往往会出现适得其反的现象,影响课堂教学的效果。

课堂教学语言的使用虽然没有固定的模式,但是其表达方式会直接影响学生的兴趣、思考和对问题的理解。因此,教师在使用课堂教学语言时要恰当、适时,要遵循准确性、简约性、有效性、通俗性等原则,充分调动学生的积极性,快速激发学生学习的欲望,营造出和谐的课堂氛围。

二、新手教师课堂教学语言的个案研究

当前,有些数学课堂整体失调、课堂气氛沉闷、学生对教师的教学反应冷淡、学生的参与度低;有的教师组织协调能力欠佳,致使教师的教学活动与学生的学习活动不合拍;更有个别教师的教学态度和情感引起学生的反感,学生的学习热情锐减,课堂教学质量下降;等等。导致这些现象的主要原因在于部分教师缺乏必要的课堂教学语言能力,造成课堂教学缺乏趣味性。本部分主要介绍叶立军对新手教师的课堂教学语言进行分析、比较的研究方法、研究对象、研究过程、研究结果[①]。

(一) 研究方法

本研究采用课堂教学录像分析的研究方法,通过现场课堂观察和观看拍摄的教学录像,对课堂教学录像进行课堂文字实录,对师生的课堂教学行为进行编码分析,以探究数学新手教师在课堂教学中的语言特点及存在的问题。

---

① 叶立军. 数学教师课堂教学行为研究[M]. 杭州:浙江大学出版社,2014:118—122.

（二）研究对象

选择杭州市某中学教师 T，授课内容为"不等式的基本性质"（浙教版《数学》八年级上册第五章第二节）。该教师工作三年，有新的教学理念，工作努力，所带班级学生成绩处于该校中等水平。同时，这位教师已经参与了长达一年的听评课，适应了有摄像机拍摄的课堂环境，这节课是常态课，因此，选择教师 T 的这堂课作为个案研究对象。

（三）研究过程

第一步，听课、拍摄课堂录像、与教师交流、收集相关资料；第二步，对整堂课进行文字实录，实录内容包括教师和学生在课堂中的所有教学活动行为，并记录每个活动花费的时间；第三步，对学生参与时间、等待时间进行统计，对教师的语言和提问的有效性进行分析；第四步，根据统计结果得出结论。

（四）研究结果

1. 新手教师提问频繁且低效，甚至无效

在整堂课中，教师的课堂提问和学生回答的情况如表 3-7 所示。

表 3-7　教师的课堂提问和学生回答的情况

	教师的课堂提问	学生回答	总数
次数/次	102	98	200
时间占比/%	45.60	22.00	67.60

可以发现，教师提问的频率相当高，提问的总次数达到了 102 次，占据了总时间的 45.60%，几乎达到一半，而学生回答仅占总时间的 22%。并且在这 102 个提问中，管理性提问有 31 个，接近三分之一。进一步，将学生回答分为 5 类：无答、机械性回答、识记性回答、理解性回答、创造性回答，学生回答的详细情况如表 3-8 所示。

表 3-8　学生回答的详细情况

种类	无答	机械性	识记性	理解性	创造性	总数（无答除外）
次数/次	4	21	8	60	9	98

可以发现，在学生的 98 个回答中，仅有 9 个回答是创造性回答，甚至在教师的 102 个提问中，还出现了 4 个是无答的情况。综上，整堂课中教师提问频繁，有效性较低，甚至有些问题是无效的。

2. 新手教师控制着课堂教学的话语权,学生参与度低

由表 3-7 还可以发现,教师的提问占了整节课时间的 45.60%,接近半节课的时间。学生回答的时间占了 22.00%,说明在这堂课中,教师几乎控制着整堂课,而学生的回答时间仅仅是教师提问时间的一半。更为具体地,学生在各个教学环节中的参与情况如表 3-9 所示。

表 3-9 学生在各个教学环节中的参与情况

教学环节	学生参与		
	次数/次	时间/秒	时间占比/%
组织教学	0	0	0
引入	0	0	0
讲解新知	3	19	0.76
例题讲解	8	56	2.24
学生练习并回答	35	352	14.08
课堂总结	0	0	0
汇总	46	427	17.08

可以发现,在讲解新知环节学生只参与了 3 次,参与时间是 19 秒,在例题讲解环节学生参与时间是 56 秒。这表明新手教师的课堂教学语言较多,导致学生的参与度较低。

3. 新手教师课堂教学语言贫乏单一,课堂教学缺乏趣味性

教师课堂教学语言在各个教学环节中的分布情况如表 3-10 所示。

表 3-10 教师课堂教学语言在各教学环节中的分布

教学环节	组织教学	引入	讲解新知	例题讲解	学生练习并回答	课堂总结	汇总	次数占比/%
命令性语言	1	0	2	0	1	0	4	3.03
陈述性语言	0	2	4	1	3	1	11	8.33
师生共同复述	0	0	1	7	1	1	10	7.58
反馈性语言	0	0	1	0	3	0	4	3.03
启发性语言	0	0	0	0	0	0	0	0
个别讲解	0	0	0	0	0	0	0	0
提问性语言	0	6	18	25	52	1	102	77.27
激励性语言	0	0	0	0	0	0	0	0

（续表）

教学环节	组织教学	引入	讲解新知	例题讲解	学生练习并回答	课堂总结	汇总	次数占比/%
问候性语言	1	0	0	0	0	0	1	0.76
次数汇总	2	8	26	33	60	3	132	100
次数占比/%	1.52	6.06	19.70	25.00	45.45	2.27	100	

可以发现，在整堂课中，没有启发性语言和个别讲解，教师使用最多的是提问性语言，占全部课堂教学语言的 77.27%，其次是陈述性语言，占全部课堂教学语言的 8.33%，语言较为贫乏。

事实上，在一堂课中，教师的语言是课堂的灵魂，教师引导得好，学生的积极性就会高，思维才会活跃。教师 T 所讲的"不等式的基本性质"一课，是一节需要学生自己去探索、去发现的课，此时教师的引导就显得格外重要。同时，学生的积极性需要教师去激发，学生的探索性需要教师去发掘，而本堂课教师却没有一句激励性语言。

4. 对学生的参与行为缺乏及时的反馈

从表 3-10 还可以发现，教师的反馈性语言占总次数的 3.03%。研究表明，新手教师一般较少对学生进行评价，往往只对学生知识、技能等掌握情况进行评价，而不怎么对学生情感、态度等行为进行评价。从激励性语言的缺乏上也可知，教师表扬性评价较为保守，几乎观察不到。这样的现象对教学是非常不好的，会打击学生的积极性，甚至直接造成学生不善参与。

除此之外，新手教师还不善于个别讲解，指导行为的水平有待提升；在课堂教学中存在过分依赖多媒体的现象；部分教师课堂教学行为存在形式主义倾向。

三、新手教师与专家型教师课堂教学语言的差异

基于对专家型教师、新手教师的个案研究，可以看到教师的课堂教学语言占据整节课的绝大部分时间，师生交流是课堂教学的主要方式。

专家型教师在课堂教学语言的把握上、对学生的间接影响以及积极强化等方面明显高于新手教师；新手教师在对学生的直接影响、消极强化等方面比专家型教师强，在课堂上掌握话语权的时间相对比较多。不同点主要体现在以下几个方面。

（1）专家型教师善于运用隐喻的教学方式，将数学知识与生活实际相联系，以提高学生的学习兴趣，调动学生的学习积极性，提高学生的参与度。

（2）专家型教师用追问性语言、引导性语言的次数比新手教师多。这说明专家型教师在课堂教学中善于启发引导学生积极参与课堂活动。

（3）专家型教师的课堂教学语言主要发生在课题引入、讲解新知、例题讲解等环节，而新

手教师的课堂教学语言主要发生在例题讲解和课堂练习环节。这说明专家型教师重视新知的讲解,而新手教师更关注学生的练习。

(4)专家型教师应用过渡性语言的次数比新手教师多。这说明,在讲解新问题时,专家型教师善于让学生了解下一步的主要教学目的。

(5)在课堂教学中,新手教师掌控课堂教学语言的时间比专家型教师多,专家型教师更关注学生参与师生对话。

第三节　中学数学专家型教师课堂教学语言的基本特征

在教学实践中发现,专家型教师的课堂教学语言有较强的独特性和卓越性。如上一节所述,学者的研究表明,相比较于新手教师,专家型教师善用隐喻,能较好地运用引导性语言,注重过渡性语言的渗透和衔接[①]。他们在教学中敢于对学生放手,善于使用课堂教学语言引导学生思考[②]。因此,对专家型中学数学教师的课堂教学语言进行研究,挖掘他们课堂教学语言的一些基本特征,可为职前教师和新手教师的课堂教学语言能力发展提供必要的参考。叶立军、李燕、斯海霞[③]等基于肯定式语言(包含陈述、认定、断言等)、承诺式语言(包含许诺、保证等)、祈使式语言(包含请求、命令等)、询问式语言、表情式语言、宣告式语言等六种课堂教学语言类型,对初中数学新老教师课堂教学语言进行了研究,发现专家型教师的一些课堂教学语言特征如下。

一、善用提问性语言,通过追问形成"问题链"

研究发现,专家型教师都十分注重课堂语言的运用,在课堂上使用时长的占比往往超过了整堂课的60%,这些语言中以提问性语言居多,尤其是在讲授新知和讲解练习这两个环节。叶立军教授研究发现[④],专家型中学数学教师善于根据不同的教学环节提出符合学生认知的问题,以提高学生的参与度。在讲授新知和讲解练习环节的提问上是在其他教学环节的3—4倍,这表明专家型中学数学教师在课堂教学中注重知识的探究和巩固。专家型教师的课堂提问中追问占据了较大比例,都在30%以上,而且这些提问能有效激起学生参与讨论。这表明,专家型中学数学教师的课堂提问不仅内容明确、问题聚焦,而且难度适中,能较好利用"切入点",通过问题的引导,激活学生思维。

专家型中学数学教师的提问类型与提问后的等候时间存在明显的线性关系,对于低认知水平的提问,等候的时间较短,往往不足3秒,对于一些高认知水平的问题,提问后等候的

① 叶立军.数学教师课堂教学行为研究[M].杭州:浙江大学出版社,2014:122.
② 叶立军,李燕,斯海霞.初中数学新老教师课堂教学语言比较研究[J].数学教育学报,2015,24(4):40—43.
③ 叶立军,李燕,斯海霞.初中数学新老教师课堂教学语言比较研究[J].数学教育学报,2015,24(4):40—43.
④ 叶立军.数学教师课堂教学行为研究[M].杭州:浙江大学出版社,2014:79—82.

时间相对较长,会超过 6 秒,其至 10 秒以上。如果将提问难度分为简单性提问、半简单性提问和复杂性提问这 3 种类型,有研究结果指出专家型中学数学教师在课堂教学中的运用时长占比分别为 16.84％、40.06％和 43.10％。这表明,中学数学课堂教学中,各种类型的提问教师应该并用,而不是简单提问就都不使用,但是主要的提问应该集中在半简单性提问和复杂性提问上。当提问处于学生的"最近发展区"时,学生的心理特征就容易处于"愤""启"的状态,思维才能最大限度地活跃起来。

二、总体以询问式语言、肯定式语言、表情式语言为主

有研究指出,专家型教师在课堂教学中较为注重课堂教学语言的使用,且在使用的肯定式语言、承诺式语言、祈使式语言、询问式语言、表情式语言、宣告式语言这六种课堂教学语言中,肯定式语言(课堂时间均值占比为 32.35％)所占时间最多,询问式语言(课堂时间均值占比为 27.66％)所占时间次之,表情式语言(课堂时间均值占比为 17.02％)、祈使式语言(课堂时间均值占比为 12.76％)、宣告式语言(课堂时间均值占比为 6.19％)、承诺式语言(课堂时间均值占比为 4.02％)分别随后。但是,在所有的课堂教学语言中,询问式语言出现的次数最多。这表明,课堂教学在课堂中为学生提供了大量的思考机会。

另外,专家型教师比新手教师使用肯定式语言的平均时间和平均次数都要略低。在询问式语言和表情式语言的运用方面,虽然专家型教师的平均次数相比新手教师也略低,但是使用时间百分比却要高于新手教师。这表明:新手教师更倾向于向学生表达自己的观点,进行解释;专家型教师每次分配在引导、评价学生回答上的时间较多,其善于利用学生的想法,在学生回答的基础上进一步追问,从而加深学生的理解,拓宽他们的思路。这是中学数学专家型教师教学自信的表现,也体现了他们在课堂教学中注重学生数学理解的教学特征。

三、善用过渡性语言和反馈性语言,衔接思维、启发思考

在数学学习中,学生如果能对某些问题进行较为深入的思考,往往能获得更深的体会,不仅对知识的理解会更深入,掌握得也会更加牢固。这种思考有赖于教师的铺设与引导,也需要思考的内容具有较强的联结性。专家型教师善于运用过渡性语言让教学过程更加流畅,有利于学生思维的衔接,减少认知的跨度。此外,专家型中学数学教师在课堂教学中善于使用语言引导学生深度思考,有些课堂看似气氛不是很热烈,但学生能在教师的启发下进行活跃的思考。他们的提问可能不是很多,但是很有启发性,并能给学生留下合理、充足的时间思考。研究发现,在新授课和例题课课堂中,专家型教师使用的语言总次数比新手教师使用的语言总次数要少,在新授课中表现得更加明显。新手教师在新授课中特别注意新知识的传授,总怕讲不明白,怕学生听不懂,不敢放手给学生,什么事情都要自己做,从而导致话语较多;而专家型教师则是善于使用课堂教学语言引导学生思考。在复习课中,专家型教师的语言次数和所用时间百分比都多于新手教师,尤其是在询问式语言和表情式语言的使

用上。这表明,专家型教师在复习课中更善于抓住学生的思维,顺势引导,无论学生的回答是否正确都会耐心倾听,然后提供信息引导学生思考和再次回答。新手教师在发现学生的思维不正确时,常常采用否定学生的错误思路,或再次提问之前问题的做法,而再次引导就相对较少。

有调查显示,中学数学专家型教师的反馈性语言贯穿于教学的始终,在例题讲解环节出现最多,达到了 79 次,占总反馈次数的 33.8%,其中显性反馈 39 次,占全部显性反馈的 33.6%,而且反馈时的语气也蕴含了大量的情感信息。专家型教师的常用反馈语言为重复学生答案、要求学生解释答案、提供信息让学生再回答或者反问等,而较少采用重复提问的方式,而且反馈的指向都十分明确,又能给学生留出合理的思考空间,让学生能明白哪里理解得还不到位,并自己思考怎么纠正。这表明,中学数学专家型教师的教学语言能从培养学生学习兴趣和增强学生自我认识的角度出发,给学生以更积极、客观的反馈,既增加师生之间的理解与情感交流,又促使学生把教师的鼓励化作行动,较好地落实教学目标,从而发展学生的数学核心素养。

第四节　中学数学课堂教学语言技能的提升路径

课堂教学语言技能是衡量教师专业水平的重要标志,对课堂教学有着直接的影响,提高教师的课堂教学语言技能是教师专业发展的重要内容。但是,课堂教学语言没有固定模式,同样的内容用不同的语气会传递出不一样的信息,相同的内容和语气,在不同的情境下也会起到不一样的效果。因此,课堂教学语言技能具有较强的个人特色。为提升课堂教学语言技能,中学数学教师可根据自己的实际情况摸索出自己的语言风格。下面介绍几条课堂教学语言技能的提升路径。

一、树立较强的课堂教学语言技能提升意识

在教师专业的发展过程中,积极的意识始终是前提,教师首先要树立较强的课堂教学语言技能提升意识,为提升奠定基础。倘若教师具有较强的提升意识,在观摩课堂教学时,就会对授课教师的语言内容、风格和语言的亮点更加关注,并结合自身的具体情况,经分析后有针对性地取长补短,在自己教学实践时,就会有意识地对课堂教学语言进行设计,尤其是关键性的提问和转换性语言,甚至在现实生活中,也会对周围人的语言表达进行重点关注。所以,在课堂教学语言技能提升的过程中,教师是否有积极提升的意识是前提条件,只有有了强烈的愿望才会更具提升课堂教学语言技能的积极性和主动性,避免课堂教学语言的随意性,提升的程度也会更明显。

有了积极的提升意识后,方法也十分重要,不同教师可能会有不同的方法,但是都离不开对课堂教学语言的反思。教师所看到的、听到的,只有经过不断的反思,才能有效内化为

自己的教学经验。教师只有通过不断反思自身课堂教学语言的特色,尤其是课堂教学语言在数学学科性、准确性、合理性、教育性、启发性、可接受性、简明性等方面的表现,才能更清晰地认识到自己在该项教学技能方面的优点与不足之处,并有针对性地制定优化改进的策略,课堂教学语言技能的提升才能有的放矢。所以,职前或新手教师要积极反思,主动思考,经常性地琢磨某句话该怎么表达,刚才自己或者其他教师这么说是好还是不好,等等,这对课堂教学语言技能的提升是十分有帮助的。

二、课堂教学语言的内容要以准确为本,力求生动

　　课堂教学语言是教学信息传递的载体,也是教师开展教学工作的重要工具。数学是一门严谨的学科,教师在使用课堂教学语言的时候,首先要确保课堂教学语言的准确性,保证教学内容的准确性与科学性,这是数学教学的基本保证,可以帮助学生正确理解数学内容。例如,我们不能把除以说成除,不能把非负数等同于正数,这是课堂教学语言准确性和教学内容准确性的一个体现。教师在日常的教学中应做好示范,帮助学生规范表达数学的概念、定理等内容,避免口语化。更不能为了追求当下内容教学的“有效性”,随意进行一些表述导致后期的矛盾。例如,在进行解一元二次方程的教学时,为了让学生能记牢结论,简单地说当 $\Delta < 0$ 的时候方程无解。这是不严谨的,这样的结论到后面学习虚数的时候就会出现矛盾。因此,此处正确的表达为:在实数范围内无解。

　　在确保了表达的准确性后,教师在训练或者教学实践时可慢慢让自己的语言表达更加生动,也就是不但说得对,而且让学生能更好理解。教师的课堂教学语言需合乎逻辑、合乎学生学习的基本情况,这是教学质量的另一条重要保障。一方面,教师要重视学生的年龄特点和认知水平,根据学生特点灵活调整课堂教学语言。例如,鉴于初中生的认知能力发展迅速,身心各方面变化巨大,教师要适当使用激励性的语言评价学生,保护学生的自信心,在适当的时机大力表扬优秀学生以形成榜样的力量。另一方面,教师要重视学生已有的生活和学习经验,尽可能地设计富有层次性的课堂教学语言,引导学生在现有知识经验的基础上积累新的知识经验。

三、重视课堂教学语言与载体的结合,力求有效

　　语言的内容与表达时所承载的载体有很大的关系,通过不同的载体,语言内容会传递出不一样的信息。因此,中学数学教师在课堂教学语言技能的提升过程中,要注重内容与语气、神态和肢体等辅助性语言的配合。在中学数学一些涉及大小多少、上升下降等的问题中,教师可以通过肢体语言辅助说明,在有必要的时候给学生以启示。神态表情的丰富、内容与肢体的结合,这些都需要教师有针对性地训练,让自己具备更多的“武器”。

　　辅助性语言的运用,首先要保证有效,如果教师在实践过程中发现某些辅助性语言十分有效,就需要坚持使用,等到用得较为娴熟了,再考虑是否将多种辅助性语言相结合,如语音

语调和节奏的变化,肢体语言和表情的多样,如此能使课堂更加生动,更能调动课堂学习气氛。面对不同学生在生活经历、知识背景、认识水平、认知风格、性格等方面的差异,一以贯之的语言显然难以凸显"以学生为中心"的主体地位,正视并善用学生的差异需要借助多样化的教学语言。例如:在提问时,教师可以用平缓的语气,展示疑问的神态;在得到结果时,教师可以提高声调,并展示喜悦的神态;在陈述重要概念时,可以重音强调。这些都需要教师在设计教学时就有所准备,并在教学实践中要放得开,胆子要大,要有自信,要敢于尝试,只有不断在实践中摸索,辅助性语言技能才能得到有效提升。

在技能的学习中,模仿也十分必要。课堂教学语言技能作为教学技能的一个重要组成部分,它的提升离不开日常的训练,但是在日常的训练过程中,可以首先从模仿开始。职前教师或新手教师在观摩一些专家型教师的示范课时,可不断地建立对"示范者"的语言的感觉,并在教学实践中模仿使用。例如,模仿专家型教师的提问性语言、激励性语言的表达方式,过渡性语言、反馈性语言的渗透时机,以及语言表达的语速节奏,等等。当然,模仿专家型教师的一些课堂教学语言,是为了参照"示范者",快速强化自身的课堂教学语言水平,要真正实现质的飞跃,或者说要达到艺术化的水平,单靠模仿是远远不够的,还需要教师结合自身的性格、教学风格的特点,不断打造形成具有个人特色的课堂教学语言。模仿是为了入门,有了一定的感悟后,就要找到适合自己的教学特色的语言,这样才能在课堂上自如地运用。

═══ **思考与练习** ═══

1. 中学数学教师课堂教学语言技能的基本要素有哪些?

2. 辅助性语言有哪些? 请论述它的价值。

第四章
中学数学课堂导入技能的认识与提高

　　尽管相比较小学生,中学生更加成熟,但是他们也正处在个性养成的关键期,学习需要兴趣的引导。因此在中学数学的课堂教学中,导入十分关键,中学数学教师应重视导入技能的提高,多了解常见的课堂导入,并根据教学内容和教学对象的变化熟练运用。

第一节　中学数学课堂导入技能的认识

一、中学数学的课堂导入应能有效激发学生的学习兴趣

　　数学是基础性学科,各学科课程的学习和学生的生活都与数学密切相关,但这并不表示学生就会自发主动地学习数学,学生能否认真听课与教师是否有精彩的课堂导入密切相关。

(一)课堂导入可明确学习目的,促进学生有效学习

　　课堂导入首先要具有吸引力,要让学生对所学知识产生兴趣,除此之外,教师还应让学生明确本次课所学知识具有哪些作用。其实无论是成年人还是青少年、儿童,在做某件事情以前一般都会有着明确的目的,知道目前或接下来要做的事是为了什么,有什么用。如果不知道目的,哪怕在做了,也不会有太强的动力维持,不会有太多的主动性。学生的学习也一样,如果老师和家长没有和学生说清楚读书的目的,只告诉他们别人读书你也要读书,这本来就是小孩子应该做的,那么学生虽然这么做了,但是未必明确这么做对自己的意义和价值,目的性还是不强的。久而久之,或者一旦遇到困难,他们就难以激发学习动力,不知道学习是为了什么,会认为不学也没有关系。课堂的学习也一样,如果学生不知道接下来学习的内容是何目的,可以用来解决什么具体的问题,那么他们在听课过程中就只能被动接受,不仅难以培养创造力,而且在学习过程中也不可避免会产生"学了有什么用""为什么要学这个内容"的疑惑,进而影响学习的专注度。如果学生在学习前就已通过教师的导入了解了今天这节课的学习目的,那么他们就会带着解决问题的心态去学习,学习的效果也将更加显著。如果教师在导入时能就未知问题的解决启发学生思考,不仅可以较好地过渡到新授课内容,也能更好地启发学生思维,培养他们的创造力。

　　可能有的老师会说,学习的目的是一直存在的,就是要掌握知识,在考试中取得好成绩。

这话不假,但这是大的目标,即使不是升学的目标,也会是学段或者学期学习的目标,这种目标比较笼统,或许会时不时地在学生脑海中闪过,而日复一日地上课,这种学习目的会逐渐弱化,难以起到有效引导学习的目的。这就如同跑马拉松,虽然知道终点在哪里,但是这种抵达目的的意志力会随着时间的流逝,被相对单调的奔跑所冲淡。倘若运动员在跑步前对沿途的线路比较熟悉,并自己设定若干小目标,那么跑步过程中会以小目标的完成为基础,一段一段地去攻克,甚至完成每一个小目标后获得的短暂满足感又会催生完成下一个小目标的动力。由此可知,学年或学期的学习目标对于每堂课来说太过遥远,以此引导并激发学生每一堂课的学习兴趣也就不太现实。这就意味着,教师在导入时,为让学生明确本节课的学习目的,最好引导学生能带着问题往后学,这样的课堂会更为有效。因此,能设置某种问题或情境导入的教学,尽量不要采用"开门见山"的方式。当然,不尽合理的导入反而会事倍功半,切勿为了导入而导入,一切以有助于提高课堂教学效果为目的,注重思维的联系性和启发性。

(二)课堂导入应能激发学生的求知欲,提升学生学习的内在驱动力

明确了学习本节课内容能达到何种目的,学生们不一定有兴趣去学,还需要教师能有效激发学生的求知欲。例如,如果教师在课堂伊始说:"我们上节课学习了对数的概念,今天这节课就来学习一下对数运算的性质。"这样导入的话,虽然学生能明确学习的目的,但是未必能激发学生数学学习的兴趣和动力,会产生"为什么要学习它的性质"这样的疑问。如果教师采用复习的方式引入,从学生用已有知识能解决的问题入手,逐渐过渡到不能解决或解决起来很麻烦的问题,这时候再提出"如果对数具有这种性质就会很简单"的假设,或者是提出"对数是否具有这类性质"的疑问,那么学生就会有更大的兴趣投入后续的学习。

值得一提的是,课堂导入能激发学生的学习兴趣,与导入要有趣不是一回事。有趣的导入会让学生觉得有意思,可能也会很轻松,或许课堂中还会充满欢声笑语,但是这并不一定都能激发学生的学习兴趣。能有效激发学生学习兴趣的导入可以是有趣的内容,也可以是能激发学生探究欲的任务和问题,或者是能激发学生胜负欲的小组合作或个人比赛。怎样的导入才能有效激发学生的学习兴趣和动力,与具体的数学知识点有关,也与学生的年龄特征、校园文化和社会文化有关。中学生相比小学生更成熟,在情境的营造方面可适当弱化,有时候可以直接从学科知识过渡到学科知识,有助于学生的知识联结。中学数学教师应该善于思考,有意识地在模拟或真实的教学实践中不断尝试,从中归纳出适合教师自己,也适合当前学生学习的课堂导入。

(三)课堂导入应有助于思维的平缓过渡,帮助学生从已知到未知

数学知识具有较强的体系性,各知识点之间存在着直接或间接关联,在数学学习的过程中,如果学生能将新学的知识纳入已有的知识图谱中,就能较好地掌握和运用。倘若未能建

立有效联结,学生只能孤立地记忆,那么知识的掌握就不牢固,也不能灵活运用。因此,教师可以在课堂导入时,从已学知识的复习开始,慢慢过渡到新授知识,让学生的思维平缓过渡。这种导入不仅有利于学生对知识的掌握,也会让学生感受到数学并非抽象和枯燥的,也是有迹可循的,是从简单到复杂、从具体到抽象逐步过渡的,这些都有助于学生知识的学习,也有助于他们数学情感的培养。

为了让学生对新授知识有较好的感知,中学数学教师往往会在课堂导入中复习已学知识作为过渡,这种导入方式能取得较好效果。但是倘若在导入的设计中不够细腻,缺乏逻辑上的关联,就会制约课堂导入效果的发挥。例如,在教学"三角形全等的判定"时,教师在课堂伊始对上节课讲授的边角边判定方法进行复习后说这节课我们来学习三角形全等的另一种判定方法:角边角。这种复习只是起到复习的作用,对于学生的新知学习缺乏很好的过渡,并不能起到导入的作用。在教学新课"矩形的性质"时,课堂导入环节中,教师提问:"同学们,你们还记得之前学过的平行四边形的性质吗?"在学生阐述的过程中,教师在黑板上画出平行四边形,引入平行四边形这一旧知识,然后教师向学生明确"今天我们将要学习的矩形就是一类特殊的平行四边形:有一个角是直角的平行四边形就是矩形",这样既能让学生复习旧知识,又能自然地进行新课的过渡,且通过新旧知识的联系,深化学生对知识的理解①。在数学课堂教学中,需要启发学生思考,深化学生的认知,发展学生的思维,为此对课堂导入的设计有较高的要求,既要内容相关也要考虑其合理性。

(四) 有效的课堂导入可以维持学生的课堂注意力

在正常情况下,每个人注意力集中的时间都有一个限度,成年人稍长,青少年儿童稍短。虽然这种注意力和年龄有关,也和个体的意志品质有关,但是他们都会受到关注对象的影响。如果所要关注的对象对个体来说很有吸引力,学生就很有兴趣去了解,那么他的注意力的持续时间就会延长。比如,我们在看自己喜欢的电影时,就会觉得时间过得特别快;在等待的时候,就会觉得时间过得很慢。上课也一样,如果课堂导入缺乏吸引力,不能有效调动学生的学习热情,学生的注意力就会很快转移到其他地方,例如开小差;反之,如果是有效的导入,可以激发学生的学习兴趣,那么他们的学习注意力就会持续更久一些,课堂教学也自然会更有效。数学知识具有较强的逻辑性,需要不断地累积。如果学生从课堂一开始就被内容所吸引,不断参与其中,他的注意力会一直维持,不会觉得单调和无趣;反之,如果学生没有在课堂一开始就参与其中,哪怕中途尝试听课,也会因为听不懂而放弃。

中学生的学习注意力会受到客观因素的影响,为此数学课堂中对导入进行设计是十分必要的。恰当合理的课堂导入,不仅可以让学生的数学学习更加自然、顺畅,而且学生听课的注意力也会更为集中。例如,在学习完全平方公式时,如果缺乏导入直接进行针对公式的

① 严云丽.初中数学课堂导入策略探究[J].考试周刊,2020(35):79—80.

学习,告诉学生公式的内容,然后做一些巩固练习题,那么学生难免觉得乏味和单调,而且这样学习后获得的知识未必能持久记忆。如果创设问题情境,让学生用不同的方式表示边长为"$a+b$"的正方形(由边长分别为 a 和 b 的正方形以及长 a 宽 b 的两个长方形组合而成)的面积,在理解和应用中引出完全平方公式,则相较于前者的教学,这种方式对学生的吸引力会更大,学生也更能集中注意力去学习。这些都表明,课堂导入对中学数学教学的重要性,教师应该重视课堂导入,在设计教学时根据具体情况,有意识地设计既符合学生的思维认知,又能有效吸引学生的课堂导入,而这些都有赖于教师课堂导入技能的掌握与提升。

二、常见的中学数学课堂导入

(一) 情境导入

中学生的认知水平以及数学与现实世界的密切关联性,决定了数学问题与具体情境相结合的必要性和合理性。数学的学习与学生的生活实际有很大的联系,实际生活中处处有数学,学生在生活中也经常发现和数学有关的有趣现象和规律。对于中学生,运用情境导入能够帮助他们建立起数学知识与实际生活的联系,实现知识学习到知识理解、知识理解到知识应用的跨越,知道自己为什么要学习某数学知识以及学习的数学知识到底有什么作用。

中学数学课堂的情境导入应具有合理性和实效性。情境导入是课程改革后提出的帮助教师导入课堂、帮助学生融入课堂的一种教学方法。

情境导入的合理性是指在设置情境时要充分考虑情境选择是否与本节课的内容有密切联系,是否遵循学生身心发展的规律和认知发展的规律。例如,有的教师在上课过程中为了完成教学基本程序而刻意设置情境引入环节,而实质上情境本身的内容与课堂知识关联不大,这样的引入只能说教师完成了课堂教学设计的基本环节,但并没有实现预设的教学目标,也没有达到应有的教学效果。由此可见,课堂导入的情境不是任意安排的,不仅要科学严谨还要合理有效。这就要求教师对数学教材进行深入研读,发掘教材背后的课堂导入切入点,思考选取什么样的情境能够最为贴切地呈现本节课的主要知识和主要数学思想方法,什么样的情境能够最大程度实现课堂引入和后续教学过程的自然衔接,什么样的情境能够最易于激起学生的数学学习兴趣。

情境导入的实效性是指实施的可行性和实施效果的目的性。如果想要提升数学课堂教学的实效性,就要思考课堂导入是否具有一定的适用性和可操作性,从而确保达到教师预设的教学效果。实现情境导入的实效性,首先要为情景设置留有充足的空间,要根据学生的心理发展特征和理解能力将情境分析清楚,让学生不仅懂得导入的内容,也可以领会情境中展现的知识与即将学习的数学知识之间的联系。也就是说,情境的选择应以简洁精准为主,从简单的情境中引导学生体验数学知识的内涵,而不要一味追求情境的新意,避免使内容变得繁难复杂。其次,情境的选择要贴近学生的生活实际,通过生活化的情境让学生产生熟悉的感觉,减少对课堂学习内容的排斥。例如,在教学平面直角坐标系的导入环节,让学生回忆电影院的场景,将教室想象成电影院,并给教室里的座位标上排序和列序,然后随机点名班级的同学,问"你坐在几排几列",在此基础上提出教学的主题[①]。借助学生对现实生活中的事物或现象的观察、感受引入平面直角坐标系的意义。

(二) 复习导入

数学知识点之间有很强的关联性,每个部分都不是互相孤立的,但是这种关联并不一定是外显的,通常需要教师通过一系列的教学策略去点明这类联系,帮助学生完成数学知识体系的建构。数学的学习是一个由表及里、由内而外的积累的过程,也是将已经学习过的知识内化并建立起与新知识之间的联系的过程,根据学生对所学新知识的记忆和遗忘的规律,在数学课堂教学时采用复习引入的方法,可以及时对旧知进行强化,起到很好的巩固作用。

复习导入以已经学过的旧知识为新知学习的起始点,一方面复习巩固所学知识,有利于教师及时得到学生学习情况的反馈,可以灵活地进行下一步教学进度和教学策略的调整,另一方面建立了新旧知识的联系,有利于数学知识的体系化建构。同时,从学生的角度出发,复习导入也有很积极的作用。在中学课堂中,复习导入一般以回答问题的形式进行,有举手作答、抢答、齐答、指定回答等,这类方式对于中学生来说十分有效。通过提问的复习方式可以将学生的注意力集中起来,让学生迅速融入数学的学习中。教师可以根据数学知识的难度、问题的类型以及学生当堂课的精神状态等选择具体的提问方式。例如:对于公式、性质、定理等便于记忆又比较重要的知识,其读来朗朗上口,几乎所有学生都能够熟练背诵,这类内容的提问可以采用齐答的形式,如此教师可在最短的时间内检测到尽可能多的学生对所复习的知识的掌握情况,以提高课堂教学的效率;对于一些计算题或者提问后需要学生稍作思考的一类题目,由于每个学生的掌握程度和反应能力存在差异,教师可根据实际情况采用抢答或者让学生举手回答的形式,先检测个别学生对知识点的掌握程度,再根据其余学生对举手回答的同学或者抢答同学给出的答案的认同与反馈,预估他们的掌握情况。

以上提问的复习方式可以帮助学生很好地实现从以往的知识学习到新知识学习的过渡,体会数学知识之间的内在联系。例如,在教学"有理数混合运算"时的课堂导入,鉴于学生对有理数的加、减、乘、除、乘方运算有了一定的学习基础,并且对加、减、乘、除混合运算的顺序有了一定的掌握,可采用复习导入的方式,在复习加、减、乘、除混合运算以及乘方运算的基础上,以学生原有的知识为载体提出新的问题:如果加、减、乘、除混合运算中加入乘方运算该怎样进行? 引发学生的认知冲突,并自然过渡到新知的学习中[②]。

---

① 严云丽.初中数学课堂导入策略探究[J].考试周刊,2020(35):79—80.
② 郭彩云.初中数学课堂导入环节中情境创设的有效策略[J].读写算,2021(6):61—62.

（三）设疑导入

设疑导入，顾名思义就是要选择一个问题作为数学课的开端。问题是思维的心脏，中学数学的教学离不开问题，中学生仍处于一个对外界事物十分好奇的阶段，问题有利于激发学生的好奇心、吸引其注意力，从问题导入能够帮助学生迅速投入到问题的解决中去。值得注意的是，这里的问题并不是随意设置的，而是要经过精心的思考，并且精准表述将要引入课堂的问题，确保学生能够听懂，以顺利过渡到下一步教学活动。根据中学生感兴趣的内容精心巧妙地设计一些有趣味、引人入胜的问题，可以有效调动学生的积极性，激发学生的数学思维。

例如，在教学"三角形内角和定理"时的课堂导入，可以从"三角形有几个内角""它们的和为多少"等问题出发，用"你怀疑过这个结论吗""如何验证""如何用剪纸验证""如何用逻辑推理验证"等问题串，通过猜想、操作、交流、验证、推理等活动，引导学生一起寻找方法验证三角形内角和[①]。

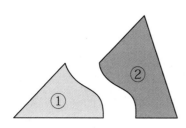

图 4-1　一块三角形玻璃被打碎后的碎片

又如，在教学"三角形全等的角边角定理"时的课堂导入，以实际问题导入新课，教师提出问题：一块三角形的玻璃被打碎成了如图 4-1 所示的①②两块，是否需要把这两块玻璃都拿来才能配到原形状的玻璃？如果只带一块，该带哪一块？

古希腊哲学家亚里士多德认为："思维从问题开始，思维从惊讶开始。"在数学课堂教学中，简单的几个问题就可以促使学生渴望探求数学的奥秘，进入探索数学知识的学习情境，学生在求知欲的驱动之下，用积极主动的学习态度展开数学学习，发展数学思维。

（四）活动导入

虽然中学生比小学生成熟，课堂教学中活动性的设计也会相对少一些，但是这并不表示中学数学的教学中不需要活动性环节。无论是中学生还是小学生都是未成年人，活动类的课堂教学设计对他们都会有很强的吸引力，因为相比较静态的、略显被动的听讲，动态的、具有一定主动的参与，他们会更有意愿。况且活动并不一定只有动手操作这种类型，小组研讨、抢答等思维活动也是重要的形式。美国教育家杜威提倡让学生在做中学就是基于这个原理，数学课堂教学需要让学生"动起来"。以活动的形式导入课堂，学生可以更全面地感受事物，并在感知和体验的过程中萌发出不同的情感与态度。

在中学数学教学中，教师可以合理利用中学生的认知点和学习生活经验，设置恰当的活动引入学习主题，激发学生的学习兴趣和参与感，吸引学生主动探究或合作探究，产生学习新

---

① 杜丽敏. 素养导向下的初中数学课堂导入教学[J]. 新课程,2022(11):40—41.

知识解决数学问题的强烈欲望,获得积极而丰富的数学学习情感体验。中学数学课堂的活动引入包括数学游戏、手工、折纸、数学小实验、研讨辩论等。例如,在教学"随机事件与概率"时的课堂导入,采用抛硬币实验,这是一个比较典型的案例。课前学生每人准备一枚硬币,课上让学生每人抛十次,观察正反面朝上的结果如何,进一步思考抛一百次、一万次硬币的结果会怎样? 根据教学情境,让学生亲身体验并进行实验记录,从而引出要学习的主题内容。

(五) 直接导入

直接导入就是我们经常说的"开门见山"式的导入,是在一节课开始的时候直截了当地阐明本节课要学习的知识、目的和要求等。这种方式看似"简单粗暴",但却能够"先发制人",让学生迅速地集中注意力。对于中学生来说,每节课都是一个新的开始,每节课学习的内容也都有所不同。学生在上课之前可能还在进行其他的一些活动,思绪和注意力仍沉浸在课前的活动之中,直接导入可以迅速将他们拉回课堂,将注意力转移到课堂学习中来,为完成新的学习任务做好准备。这种方法最直接,也最易于操作,不需要教师额外准备其他的导入资料,因此很多教师在日常教学中都倾向于选择直接导入的方式。而且,一些数学内容不太容易设置合理情境,活动导入效果也不好,这时,就可以选择直接导入。例如:在勾股定理的教学中,有的教师采用的方式是让学生画直角三角形,测量三边长度,再猜想;有的教师自己给出几组直角三角形各边长度,让学生猜想;也有教师以直角三角形三边绘制正方形,让学生数小正方形个数来猜想三边关系。其实,这些引入不是太牵强,就是过于直白,缺乏教育价值,不如直接导入,告诉学生直角三角形三边存在怎样的关系,然后组织学生来论证。像勾股定理这种数学知识具有较强的间接性,学生很难在课堂学习中通过探究、发现而获得,而教师一旦给予一些启发,又会大大降低难度,缺乏探究价值,还不如让学生直接知道结果后,再将重心集中在如何论证上。

直接导入虽然有着自己的优势,但是也存在很多不足,教师在选择时要较为慎重。如果教学时间较紧,教学内容也难以找到其他合适的方式引入,那么才可以采用直接导入的方式。教师也要清楚,如果直接导入处理不当,就会导致内容的呈现比较生硬,逻辑上联系存在脱节,教学形式上被简化成了教师讲授、学生被动接受,不利于学生学习兴趣的提升。有学者认为,这种方法较为适合于学习能力较强,有一定意志力的高年级学生[①]。这也表明,即使直接导入,教师也需要在适当时机向学生阐明本节课的主要学习目的和内容要点,要让学生对本节课的内容有更为全面的感知。

总体而言,中学数学课堂的导入方式丰富多样,教师在课堂教学的实际过程中不必拘泥于使用单一方法,也不要因为擅长某一种方法就一直运用,而是要根据具体的教学内容和教

---

① 曹一鸣,张生春,王振平.数学教学论(第 2 版)[M].北京:北京师范大学出版社,2017:111.

学环境做出方法的选择。此外,教师也可以考虑多种导入方式相结合,探索出适合教学主题的导入。

第二节　中学数学课堂导入的案例与分析

　　通常意义上,数学课堂导入是指新课开始前的部分,有效的课堂导入总是关注知识之间的联系,阐明具体的学习内容,并且从数学的本质出发解释学习的意义,进而引发学生的兴趣并引导其参与①。本节主要介绍程靖对专家型和职前中学数学教师的课堂导入特征表现进行分析的框架、结果与结论等内容②。

一、中学数学课堂导入的分析框架

　　如何分析中学数学教师在课堂导入环节中的具体表现? 程靖建立了导入环节数学教学基本功的分析框架,具体如表 4-1 所示。

表 4-1　导入环节数学教学基本功的分析框架

内容	项目	阶段(由低到高)
建立联系	先前知识	不包含/包含/与新授课联系紧密
	教学片段	无联系/有联系/逻辑连贯
	过渡信号	无/有/自然
明确意义	教学主题	无/有/清晰呈现
	价值体现	无/有/反映数学本质
启发思考	问题繁杂度	较复杂/较简洁/简洁
	问题深度	再现/理解/策略
趋向严谨	科学规范	不正确/正确/严谨
	强调严谨	无/有/适时强调

　　其中,对于"建立联系"的分析,是从识别教学过程中不同的教学片段开始的。通常情况下,不同的教学片段之间会存在明显的过渡句,但是有时过渡会比较模糊。因此,研究过程中主要以问题或内容的更换作为教学片段更换的信号。例如,从一个概念转到另一个概念,从一个问题转到另一个问题,从一个场景转到另一个场景,或者从探究转到证明。研究的重点是确定先前知识所在的教学片段,并考察先前知识与新知识是否(或如何)联系在一起。

---

① 程靖.职前中学教师数学教学基本功的发展——围绕课堂导入的个案研究[D].上海:华东师范大学,2016:29.
② 程靖.职前中学教师数学教学基本功的发展——围绕课堂导入的个案研究[D].上海:华东师范大学,2016:50—129.

对于"明确意义"的分析,主要从两个方面进行:其一,是否清晰地点明了课题;其二,是否试图帮助学生理解学习该课题的意义,即为什么需要拓展已有知识或开辟新的知识领域。

对于"启发思考"的分析,主要从两个方面进行:其一,是否试图呈现知识的形成过程,而不是直接告知;其二,是否为学生的思考留下了空间。这两个分析方面的确定,是基于前期对职前教师的课堂导入的预研究。预研究发现:职前教师仅能提出少量有效的问题,没有形成问题串;问题过繁或者过简都会限制学生的思考。这一发现促使对"试图观察教师提问的知识深度是否具有一定的层次,即是否逐次递进地揭示知识的形成过程"的预设分析进行了调整。

对于"趋向严谨"的分析,主要从两个方面进行:其一,识别教师在教学过程中不科学、不规范的行为;其二,识别教师在教学过程中帮助学生注意科学性、规范性的行为,包括术语使用的规范性、解释判断的正确性、推理的严密性等。

二、中学数学专家型教师的课堂导入特征

(一) 研究对象

对来自不同学校的、教龄均在 15 年以上的 6 位高中数学特级教师进行了研究,从他们所执教的数学课堂教学导入片段中寻找共性特征。其中,具体的数据来源于能代表教师个人较高水平的数学课堂教学视频。6 位教师的 6 节课的具体信息如表 4 - 2 所示。

表 4 - 2 6 位高中数学教师的授课内容信息

教师	教学内容	年级	课程类型
T_1	数学归纳法	高二	新授课
T_2	集合的运算	高一	新授课
T_3	函数的单调性	高一	新授课
T_4	反函数复习	高一	复习课
T_5	曲边梯形的面积	高三	拓展课
T_6	问题提出	高三	拓展课

(二) 课堂导入特征

6 个课堂导入片段所呈现出的在建立联系、明确意义、启发思考、趋向严谨等内容上的共性特征表现如下。

1. 建立联系

通过分析先前知识的呈现方式,发现:

（1）每节课都复习了相关的先前知识，但这些知识并非独立出现，而是蕴含在导入问题之中。

（2）导入问题往往起到承上启下的作用，既包含对先前知识的复习，又引入新的教学内容，即便是复习拓展课也不例外。

（3）语言交流的连贯性（或者说逻辑联系）正是在导入问题的承上启下的作用中体现出来。

（4）建立内部逻辑联系的外部过渡信号适时地被使用。

2. 明确意义

通过分析教师怎样明确教学目标以及学习的意义，发现：

（1）教学目标的细节并不会被口头提出或者写在黑板上，明确教学指向的方法通常是提出需要研究的问题，并将本节课的主题写在黑板正中偏上的醒目处。

（2）呈现学习意义的方式并不总是引入一个现实情境，相反地，有 5 位教师使用的导入问题都是纯数学的，他们总是试图在解决导入问题的过程中指出学习新知识的必要性。

3. 启发思考

通过分析课堂教学过程的连贯性，发现：

（1）导入问题的知识深度通常是由浅入深、逐层递进的。

（2）导入问题中与新授内容关联不大的辅助内容十分简洁，或者说毫不繁杂。

4. 趋向严谨

通过分析课堂教学中的语言交流，发现：

（1）总是使用科学严谨的术语进行语言交流，并在术语较难理解时通过变换说法来增进学生的理解。

（2）在学生表达、判断、推理过程中容易疏忽的细节处通过追问、重复等方式促进其趋向严谨。

三、中学数学职前教师的课堂导入特征

（一）研究对象

选取 4 位数学专业师范生作为研究对象，取样方式带有较强的目的性。这 4 位师范生在教学实践训练过程中态度积极，基本上可以认为是同质的：他们都花了较大的精力备课，并在实践训练过程中表现出明显的热情和自信。在排除态度因素外，尽可能提供了不同情况的个案，以丰富对职前教师教学课堂导入情况的认识。其中，这 4 位职前教师的具体信息如表 4-3 所示。

表4-3　4位职前教师的基本信息

编号	性别	生源地	数学成绩	教学成绩	实习地点
A	女	华北	高	高	华北
B	女	东北	中	中	华东1
C	男	华东	低	高	华东2
D	男	华南	中	低	华东1

4位职前教师的模拟授课内容信息如表4-4所示。

表4-4　4位职前教师的模拟授课内容信息

编号	实践内容1	实践内容2	实践内容3
A	平行线的性质	平面与平面平行的判定	用二分法求方程的近似解
B	解一元一次方程	函数的概念(高中)	一元二次不等式的应用
C	等腰三角形	两角和的余弦	集合间的运算
D	二次函数的概念	函数的概念(高中)	函数的奇偶性

其中,实践内容1、实践内容2和实践内容3分别来自三个时间段:微格初期、微格中期以及教育实习后期。为了便于分析,所有的视频资料都被转录为相应的文字材料。

(二) 课堂导入特征

4位职前教师课堂导入片段所呈现出的在建立联系、明确意义、启发思考、趋向严谨等内容上的共性特征表现如下。

1. 建立联系

本部分主要围绕课堂导入环节分析职前教师在建立先前知识与新知识之间联系方面的表现。

(1) 实践内容1:呈现刚刚学习或者会被使用的先前知识。

观察微格初期教学实践的视频片段可以发现,4位职前教师在授课过程中都提到了与新授知识相关的先前知识,并且会使用过渡性语言连接不同的教学片段。但是,由于没有充分考虑知识之间的联系,教师 A、C、D 在初期教学实践过程中所呈现的教学片段是割裂、模糊甚至是杂乱的。相对而言,教师 B 的教学流程比较清晰,但是教学片段之间的逻辑关联未呈现出来。

例如,教师 C 在"等腰三角形"的教学过程中,"顺便"提到了先前知识"全等三角形的判定",而没有提到与本课题联系更为紧密的"等腰三角形"的定义。下面是教师 C 的教学流程。

师:好,同学们,今天我们来学一种新的三角形,叫作等腰三角形。

师:老师带大家做一个游戏。我们来折一张纸,首先对折一下,就有了一条折线,沿着折线撕一下。这么撕完以后呢,我们可以得到一个三角形。那么这样的三角形有什么性质呢?请大家按照老师的方法来折一遍。

(引导学生寻找相等的边以及相等的角)

师:下面我们来看,在△ABC中,也就是刚刚撕下来的三角形,我们一开始发现这两个三角形是重合的,也就是BD和CD是重合的,那么能不能得出来AD和BC是垂直的?或者说AD是不是∠BAC的角平分线?通过我们已经学过的全等三角形的知识,我们可以看到……

从这一教学片段可见,教师C并没有对先前知识进行复习,但是在之后的等腰三角形性质定理的证明过程中提到了"我们已经学过全等三角形的知识",接着,默认学生已经掌握了这些知识,并直接应用。这种复习虽然出现得较为自然,但仅仅是提及式的,与之后的教学并无明显的关联。而且这一过程中,教学片段并没有被清晰地呈现出来,教师C既没有给出等腰三角形的定义,也没有将等腰三角形的性质定理呈现在PPT上或者板书出来。

相比较而言,教师B在"解一元二次方程"的教学过程中使用了较为简单清晰的流程,也考虑了知识之间的联系。但是,前后教学片段之间的逻辑联系仍不够清晰。下面是教师B的教学流程。

师:在上节课中,我们已经学习了一元一次方程的概念,包括一元一次方程的解和定义。下面我们来回顾一下。

(组织学生回忆一元一次方程的定义)

师:在上节课的内容中呢,我们还学习了如何根据题意来列一元一次方程,那么列好了方程之后,我们该怎么解呢?好,带着这个问题,我们来进行今天的学习——解一元一次方程之合并同类项与移项。

从这一教学片段可见,教师B在教学中提到了与授课内容"解一元一次方程"密切相关的先前知识"一元一次方程"以及"列一元一次方程",对于前者的复习她采用了回顾定义的方式,而对于后者是先用过渡语言提出,再到问题解决的过程中进一步应用强化。

综合微格初期教学实践过程中4位职前教师在"建立联系"方面的表现,有如下结论。

第一,4位职前教师在授课过程中考虑到了先前知识,其中,既包括已学过的一些概念、原理,也包括一些已学过的方法。

第二,4位职前教师在教学过程中对先前知识的处理方式有所不同。

"复习方式"不同。有时先前知识仅被"提及",未具体展开;有时采用回忆复述的方式来"再现"先前知识;有时是通过具体的"应用"来巩固先前知识。

　　"衔接方式"不同。有时先前知识仅作为"独立"的教学片段出现,教师并不解释它与本节课有哪些联系;有时先前知识"嵌入"在某个问题解决的过程中,其出现显然较为自然。

　　"选择的意义"不同。复习此项先前知识的"可能的原因",这种可能性是通过分析职前教师的课堂教学语言得到的,因此带有一定的主观性。从微格初期的教学视频的分析来看,职前教师选取先前知识的两个主要原因是:"刚刚学过"或者本节课要"使用";与本节课的知识"有关"。值得关注的是,当职前教师出于"刚刚学过"的原因提到先前知识时,往往不会有意识地在教学过程中说明它们与新知识的联系,衔接方式表现为"独立"于其他教学片段之外。而当他们出于"使用"的原因呈现先前知识时,会比较自然地将其嵌入到问题解决的过程中,这些知识恰好是"方法"知识。

　　第三,虽然 4 位职前教师在语言上都使用了衔接信号,但他们对教学片段的组织方式有所不同:教师 D 频繁更换无明确联系的教学情境;教师 C 的教学片段不清晰;虽然教师 A 的教学片段之间是彼此割裂的,但是她与教师 B 类似,展示的每个教学片段都比较清晰,也各自具备存在的必要性。教师 A 和教师 B 今后还可以通过顺序的调整增强不同教学片段之间的逻辑连贯性,例如,可以在适当时机对部分内容顺序进行调整,将独立出现的先前知识与其他教学内容建立起联系。

　　(2) 实践内容 2:呈现刚刚学习或者会被使用的先前知识。

　　分析微格中期的教学视频发现,4 位职前教师的课堂导入在"建立联系"方面相比初期都有不同程度的改变。特别是就先前知识而言,出现了新的"衔接方式"以及"选择的意义";且呈现的先前知识都是与新授知识密切相关的,这种关联不是"刚刚学过"或"恰好用到",而是作为理解知识的"基础"或寻找方法的"启发"被引入教学。

　　其中,4 位职前教师在教学中纳入的先前知识都与新授知识联系紧密。教师 A、B、C 在教学中纳入先前知识的原因已不仅仅停留在刚刚学过或恰好用到,而是有意识地寻找新授内容的概念"基础",并在需要的时候将之与新的概念进行比较;在解决问题的过程中,他们试图"类比"解决相关问题的已有方法对学生进行"启发",只是这种"类比"还停留在"老师讲、学生听"的形式上,或者说还是一种不太成功的类比。此外,4 位职前教师在教学片段的组织方式上都有所进步。

　　(3) 实践内容 3:根据先前知识的意义组织教学片段。

　　分析教育实习后期的教学视频发现,4 位职前教师处理先前知识的方式与微格初期教学时相比都有了很大不同,"建立联系"的基本功整体有较为明显的进步。

　　总的来说,4 位职前教师在选择和组织先前知识的时候目的更为明确,因此在教学片段的组织上显示出更强的逻辑连贯性,有意识地凸显它们与新知识之间的联系。但是,这样隐含的逻辑连贯性并不总能清晰地呈现出来。

　　基于对 4 位职前教师"建立联系"的基本功的分析,可以进一步得到与先前知识"建立联系"的基本功层次划分,具体如表 4-5 所示。

表4-5 与先前知识"建立联系"的基本功层次划分

水平	描 述
1	不呈现先前知识与新知识的联系;频繁更换教学情境;在不同的教学片段之间不存在明显提示
2	考虑先前知识与新知识的联系;教学片段之间有明确提示;但多数情况下没有指明前后片段之间的关联
3	在先前知识与新知识之间建立有意义的联系;比较合理地组织教学片段,有意识地使用过渡句联系教学片段;但是仍有些片段的出现不够自然
n (最高)	在先前知识与新知识之间建立恰当的联系;教学片段清晰且逻辑连贯;使用恰当语言呈现前后教学片段之间的关联

2. 明确意义

本部分主要围绕课堂导入环节分析职前教师在教学中是否明确指出了本节课的课题,是否呈现了学习新内容的必要性以及是否反映了数学的本质,即主要考察职前教师在指明本节课要研究什么概念、原理、方法以及为什么要研究这个内容等方面的表现。

(1) 实践内容1:未能成功指明课题的学习意义。

在微格初期的教学实践中,4位职前教师指明授课主题的方式略有不同。他们都在正式教学前就把课题呈现在了PPT上或者是板书在了黑板上,具体如表4-6所示。

表4-6 4位职前教师在微格初期的教学中指明课题的方式

教师	书面呈现	语言呈现	整体表现	说 明
A	课前	课前	不清晰	误将"平行线的判定"说成"平行线的引入";复习先前知识,呈现引例后也未再次指明课题
B	课前	课中	清晰	复习先前知识,引出本节课课题
C	课前	课前	不清晰	指明课题是"等腰三角形",但未给出定义,而是始终在研究"等腰三角形的性质2",相关练习针对的是"等腰三角形的性质1"
D	课前	课中	清晰	通过导入问题,呈现本节课课题

此外,4位职前教师在明确课题的学习意义方面,在教学中或未曾揭示学习意义,或就此做出了并不成功的尝试,具体表现情况如表4-7所示。

表4-7 4位职前教师在微格初期的教学中指明课题意义的方式

教师	数学内部	现实背景
A	无	虚构/不清晰
B	问题解决/不清晰	虚构/不清晰

(续表)

教师	数学内部	现实背景
C	无	无
D	问题解决/不清晰	真实/不清晰

（2）实践内容2:尝试使用问题情境呈现学习意义。

在微格中期的教学实践中,4位职前教师中的 A 和 B 两位教师都清晰而又适时地指明了本节课的课题,教师 C 在明确课题方面与其微格初期的教学表现一致,再次扩大了学习的课题,教师 D 由于提供了过于复杂的引例,不仅冲淡了教学的主题,还没有机会明确本节课的课题。具体如表4-8所示。

表4-8　4位职前教师在微格中期的教学中指明课题的方式

教师	书面呈现	语言呈现	整体表现	说　　明
A	课中	课中	清晰	复习先前知识,引出本节课课题
B	课前	课前	清晰	直接指明课题"函数的概念",回顾初中所学
C	课前	无	不清晰	板书的课题是"三角恒等变换",实际教学的是"两角和(差)的余弦公式"
D	课前	无	不清晰	引例过于复杂,影响课题呈现

不过,在明确课题的学习意义方面,4位职前教师在微格中期的教学中做出了更多的尝试,都有意识地创设问题情境,试图体现课题的学习意义,尽管有些尝试并未成功。具体表现情况如表4-9所示。

表4-9　4位职前教师在微格中期的教学中指明课题意义的方式

教师	数学内部	现实背景
A	无	较真实/有所呈现
B	刻画观念/不清晰	较真实/不清晰
C	问题解决/有所呈现	真实/无关
D	刻画观念/不清晰	真实/不清晰

（3）实践内容3:结合数学本质与现实背景呈现学习意义。

在教育实习后期,4位职前教师都清晰地指明了授课主题,具体如表4-10所示。

表4-10　4位职前教师在教育实习后期指明课题的方式

教师	书面呈现	语言呈现	整体表现	说　　明
A	课前	课前	清晰	提前板书;先告知课题;再呈现引例
B	课前	课中	清晰	提前板书;复习先前知识;引出本节课课题
C	课前	课中	清晰	提前板书;通过引例呈现本节课课题
D	课前	课前/课中	清晰	课前边板书边口述;引例结束后再提到课题

　　在明确课题的学习意义方面,4位职前教师在教育实习后期有较为明显的变化,几乎每位职前教师都从数学本质和现实背景两个角度将数学内容的意义不同程度地呈现了出来。具体表现情况如表4-11所示。

表4-11　4位职前教师在教育实习后期指明课题意义的方式

教师	数学内部	现实背景
A	问题解决/有所呈现	真实/有所呈现
B	建立联系/不清晰	较真实/有所呈现
C	规律探究/有所呈现	真实/有所呈现
D	刻画观念/不清晰	真实/有所呈现

　　总的来说,4位职前教师在明确课题及其学习意义方面有了比较明显的变化,他们都有意识地将教学内容的数学本质以及相关现实背景结合起来,比较顺利地呈现出了教学内容的学习意义,只是有时说明得还不够清晰透彻,问题的设置也可以再改进,以更好地反映所学知识的数学本质或者实际应用背景。

　　基于对4位职前教师"明确意义"的基本功的分析,可以进一步得到"明确意义"的基本功层次划分,具体如表4-12所示。

表4-12　"明确意义"的基本功层次划分

水平	描　　述
1	在教学过程中不揭示学习的意义
2	试图揭示课题的学习意义,但在问题设置或意义阐述上不清晰
3	借助现实情境或者知识的数学本质在一定程度上呈现课题的学习意义,但在问题情境设置或意义阐述方面还不够清晰深入
n（最高）	适时、清晰、深刻地从知识的数学本质的角度指明学习的课题及其意义

3. 启发思考

本部分主要围绕课堂导入环节分析职前教师在教学中是否就知识的形成启发学生思考，以及问题的设置是否给学生提供了思考的空间，即主要考察职前教师在新的概念、原理、方法等出现之前提出用来导入新知识的关键性问题等方面的表现。

（1）实践内容 1：直接告知或将问题分解到最简。

在微格教学初期的实践中，4 位职前教师在"启发思考"方面的表现略有不同。教师 B 采用直接告知的方式引入新内容，没有留给学生思考的空间。教师 A、C、D 都有意识地希望学生经历知识的发现过程，但是由于没有提出明确的问题，或者给出了过多的提示，以至于在很大程度上限制了学生对教学内容的思考。其中，教师 D 设置的问题情境过于复杂，且在教学过程中频繁更换教学情境，冲淡了教学的主题。

（2）实践内容 2：试图让学生经历知识的形成过程。

在微格中期的教学实践中，4 位职前教师的改变整体上变化不是很大，只有教师 A 提出了较为清晰的探究问题，引发了学生的思考，教师 B、C、D 留给学生思考的空间都还有待加强，不过教师 B 已经开始有意识地让学生经历知识的形成过程。

（3）实践内容 3：允许学生呈现不同的想法。

在教育实习后期，职前教师开始允许学生在课堂上呈现不同的想法，这可能与教育实习发生在真实课堂场域有关。课堂中学生的回答往往对于促进教师的反思是有意义的，教师最初设置的问题可能不清晰，但通过学生的回答，不断改进提问方式，实现了启发学生思考的目的。部分教师还进一步对学生的答案提出"为什么"，试图将学生的思考引向深入。

总的来说，在职前教师的教学过程中，虽然出现了比较有效的提问，但并没有形成问题的层次，即并没有出现像专家型教师那样利用由浅入深的问题串引出新知的情况。在问题设计的层次、问题回答的预设等方面仍需加强。

基于对 4 位职前教师"启发思考"的基本功的分析，可以进一步得到"启发思考"的基本功层次划分，具体如表 4-13 所示。

表 4-13　"启发思考"的基本功层次划分

水平	描　　述
1	数学问题呈现后直接告知结果或方法
2	有意识地让学生经历探究的过程，但是问题设置不恰当（辅助内容过繁，或步骤分解到过简），留给学生思考的空间狭窄
3	提出较为清晰的，对结果、方法或原因展开探究的问题，留给学生一定的思考表达空间，但问题的设置缺乏层次
n（最高）	利用明晰的问题串，就教学的核心内容引导学生展开逐层深入的探究；尽可能地降低辅助内容的繁杂度

4. 趋向严谨

本部分主要围绕课堂导入环节分析职前教师在教学中是否避免了科学性错误,是否使用了规范性术语,以及是否在学生表达、判断、推理过程中容易疏忽的细节处强调了严谨等方面的表现。

(1) 实践内容 1:出现科学性错误或不规范的表达。

在微格初期的教学实践中,4 位职前教师在教学过程中出现了不同程度的错误或者不规范的表达,特别是在几何推理的严谨性方面有所欠缺。例如,教师 A 在试图说明一个命题不成立时,给出的理由是"不符合我们学过的定理",而不是举出反例,并且还误将"定理"说成了"定义"。事实上,不符合已经学过的定理并不能用于判断一个命题是否成立。

(2) 实践内容 2:有意识地在教学过程中强调严谨。

在微格中期的教学实践中,4 位职前教师中的 A、B 两位教师在教学过程中出现了明显提醒学生"注意严谨"的行为,另外教师 B 在教学过程中仍出现了比较明显的科学性错误,后在专家型教师的指导下受到了较大的触动。

(3) 实践内容 3:不科学或不规范的表述依然存在。

在教育实习后期,4 位职前教师会有意识地在某些学生表达、判断、推理的过程中容易疏忽的细节处提醒其"注意严谨",但是,在避免错误、使用规范的语言进行数学交流方面仍有所欠缺。

总的来说,4 位职前教师在微格初期的教学中出现了若干科学性错误以及不规范的语言;在微格中期的教学中他们逐渐开始有意识地强调概念、定理当中的关键词,并在某些学生表达、判断、推理的过程中容易疏忽的细节处做出强调。这些问题在教育实习后期有了一定程度的改善。

基于对 4 位职前教师"趋向严谨"的基本功的分析,可以进一步得到"趋向严谨"的基本功层次划分,具体如表 4 - 14 所示。

表 4 - 14 "趋向严谨"的基本功层次划分

水平	描　述
1	出现明显的不准确或不规范的表达;未曾在教学中强调严谨
2	有意识地强调严谨,但同时存在较为明显的科学性错误
3	有意识地强调严谨,同时偶尔出现轻微的不准确或不规范的表达
n（最高）	始终保持课堂教学语言规范严谨,并在学生表达、判断、推理等过程中容易疏忽的细节处适度强调严谨

综上,在三个不同的教学实践阶段,4 位中学数学职前教师实施数学课堂导入时,在建立联系、明确意义、启发思考、趋向严谨等方面的表现都发生了不同程度的变化,这些发展变化

一定程度上肯定了职前教育阶段学科教学论的理论与实践课程的作用,同时也在一定程度上体现了数学学习、专家型教师示范以及指导的必要性。

第三节　中学数学课堂导入技能的提高

鉴于导入对教学的重要性,教师有必要有意识地提高自己的课堂教学导入技能。虽然每个人的学习能力是不一样的,但是教师是否具备较强的提升意识对学习的效果会产生较大的影响。因此,教师要有这种意识,能在备课过程中仔细思考该怎么引入,为什么这么引入,是否还有更好的引入方式,等等。除了树立这种意识,还需要掌握各种方法,知道哪些路径有助于教师课堂导入技能的提升。

一、教学知识的深入解读

要较好实施课堂教学,需要对所教知识有较为深入的理解,这是中学数学课堂教学内容的核心。课堂导入是否贴切,与导入后能否有效联结到数学的核心知识有很大关系。因此,中学数学教师在平时备课的过程中,应该对教学知识点进行深入解读,具体主要包括以下三个方面。

(一)教学知识点数学本质的解读

教师首先要对教学知识点是什么有准确的掌握,不能犯知识性错误。对于数学概念,中学数学教师需要掌握它的正确表述是什么,正确书写是怎样的,哪些地方是比较难理解的或是容易混淆的;对于数学性质、定理,教师除了要掌握它的正确表述和书写以外,还要掌握对它的推导和证明。这是教师从事数学教学的基础,绝大部分教师都是具备的,但是在教学实践中我们还是发现有教师会犯知识性错误,或者没有把握住教学知识点的数学本质。

例如,在教学一元二次方程的时候,有教师将教学重点放在方程的判断上,以至于课堂中很多时间都要求学生逐字逐句对照教材的定义,并多次强调按照定义"$x^2 + x = x^2$"也是一元二次方程。这种教学虽不能说犯了知识性错误,但却没有准确解读该知识点的数学本质。学生学习一元二次方程的目的在于能用方程刻画数量关系,了解方程的基本特征,以及能用一元二次方程解决数学问题和现实问题。至于该定义是"含有一个未知数,并且未知数最高次是 2 的整式是一元二次方程",还是"满足 $ax^2 + bx + c = 0(a \neq 0)$ 的方程是一元二次方程",其实没有必要深究,教学要注重实质淡化形式。掌握了教学知识点的数学本质后,教师就能准确抓住教学的重点和难点,就能较为合理地设计课堂导入,将其自然地过渡到教学的重难点中。

(二)教学知识点与其他数学知识点关联的解读

数学知识的牢固掌握需要学生对知识有系统性的认识,要了解各知识之间的联系。这种经历可以让学生较好地通过同化和顺应,将新知识与已有知识建立起有效联结,所以很多教师在课堂导入时会采用复习导入。要注意的是,所复习的内容要与教学知识真正建立起联系,而不是复习归复习,新课归新课,如果两者之间没有较强的联系,那么这样的复习对于新知识学习的意义是不大的。例如,在学习立方根的内容时,教师从复习平方根入手,复习了平方根和算术平方根的定义,以及如何计算数的平方根。然后说:"今天我们来学习一下立方根。"虽然平方根的定义、运算和立方根有较为紧密的联系,但是这种课堂导入并未让学生很自然地过渡到立方根内容的学习中。倘若教师在复习了相关平方根的内容后,针对平方根的定义进行强调或提问:"为什么把$\sqrt{2}$叫作 2 的平方根?"待学生回答"因为$\sqrt{2}$的平方等于 2"后,继续提问:"如果一个数的立方等于 2,那么这个数是否可以称为 2 的立方根? 如果可以的话,立方根会有怎样的特点? 这些特点和平方根是否类似?"等等。这种过渡在思路和逻辑上都比较顺畅,也更有利于学生学习的过渡。

从有利于教学知识点学习的角度,复习导入应该从复习与教学知识点最为密切的知识入手,并非一定是上一堂课所学的内容。如果上一堂课的内容与本堂课的教学内容有联系,但是作为导入不合适,那就不要强行用它来导入。教师可以选用更紧密联系的知识点作为复习导入,在新知识的学习中如果有需要,再引导学生思考上一堂课的教学内容。因此,教师需要对教学知识点与其他数学知识点的联系进行分析,确保课堂导入能帮助学生建立有效的知识联结。

(三) 教学知识点拓展性内容的解读

在数学课堂导入时,很多教师会选择情境导入、介绍与知识点有关的历史文化导入,这些都需要教师对与教学知识点有关的拓展性内容有比较深入的了解,包括知识点在生活中的应用情况,知识点与其他学科知识点的联系,以及知识点的发展历程等。只有知道了教学知识点与学生的哪些生活有联系,导入才会更合理、更准确;只有知道了教学知识点与其他哪些学科知识点有联系,了解了知识点的演变过程,以及与之有关的数学事件、数学家等,教师的课堂导入才会有更多选择的余地。

很多数学教师希望自己能多了解一些教学知识点的历史文化,能知道这些数学知识发展的来龙去脉,但是囿于精力和资料,未能系统性地了解数学史和数学文化知识。应该看到,现在能对师范生开设数学史课程的高校还不多,即使有开设,所讲授的内容与中学数学所需要的数学史知识也存在一定的差异。而且,目前也鲜有书籍对此方面内容进行较为权威的介绍。这就要求中学数学教师能在设计教学的过程中,针对具体的知识点进行相关资料的搜集,以点带面逐步丰富教学知识点的拓展性知识,这对中学数学教师的课堂导入和本体性知识教学都具有重要的作用。

二、教学背景的细致分析

教学知识的深入解读可以为教师的课堂导入打好知识基础,但是对教学知识深度和广度的掌握只是做好课堂导入的必要条件，还不是充分条件。合理有效的课堂导入是以学生的获得程度为衡量标准的，这需要中学数学教师在设计课堂导入时能对教学背景进行较为细致的分析。教学背景的分析主要包括三个部分的内容：教学知识的类型与特征、学生的知识基础和学习氛围，以及教学的物理环境。

　　教学知识的类型与特征分析主要指中学数学教师对所要教学的数学知识点属于哪种类型的分析，对之前是否教过相似类型知识的分析，对与上一次课内容关联性的分析，对该知识点与学生生活联系的分析，等等。学生的知识基础和学习氛围分析主要指教师对所要教学的学生的分析，包括：他们已经学过哪些与这个教学知识点有关的数学知识，这些数学知识是在什么时候学的，知识掌握是否扎实，班级同学的数学基础分布有怎样的特征，数学课堂气氛如何，等等。教学知识和学生的分析既有普遍性，也有具体教学对象所具有的个性，所以在未明确具体教学对象的前提下，教学背景的分析肯定不会很准确。如果说前两者既有共性也有个性，那么教学的物理环境则具有较强的针对性。教学的物理环境分析主要指对所要实施课堂教学的场所具有的特征的分析，例如教室的大小，座椅的摆放形式，黑板的大小，信息化设备有哪些，是否有教具，等等。教师只有对这些教学背景有较为全面的了解，才能有的放矢，设计出符合学生实际的课堂导入。

三、常见导入的灵活运用

　　课堂导入的类型有很多，每一种导入方式都有它的优势和不足，教师应根据不同的教学内容和教学对象选择实施适合的课堂导入。虽然每个人有自己较为擅长的教学方式，包括课堂导入，但是这种习惯应该服从于教学成效。因此，中学数学教师应该对各种课堂导入都能运用得较为熟练，这样才能在需要时信手拈来。这就要求教师在入职前的学习阶段或者平时模拟教学时有针对性地训练各种教学导入技能。比如，针对同一个教学内容，采用不同的课堂导入，然后判断哪一种课堂导入的效果更好，具体的课堂导入该如何实施更合理，要熟练掌握这种课堂导入自身还需要哪些方面的提高，等等。

　　在中学数学教学中，复习导入和情境导入最为常见，这两种导入的熟练掌握需要教师不断实践、不断探索，找到适合自己的实施办法。例如：在复习导入时，该设置什么难度和类型的复习题，该采用怎样的语言进行过渡和引导，等等，这些都大有学问；在情境导入时，什么类型的情境学生最感兴趣，情境与数学知识如何结合才能发挥更大的作用，如何让情境起到引导的作用又不会喧宾夺主，等等，这些也都需要教师在实践中不断总结经验。总之，教师所掌握的课堂导入"武器"越多，选择的余地就越大，也就越能选择到更适合教学内容和教学对象的导入方式。

四、在实践中不断反思

　　技能的提高，离不开实践，以及实践过程中的不断反思。当然，实践要有目的性和针对性,不能盲目。因此,在实践之前的学习和构思是很重要的,课堂导入技能的学习,主要以观摩优秀教师的课堂教学为主,包括:观摩学习优秀教师对教学方法的创新,吸收先进的教学理念;观摩学习优秀教师对课堂节奏的把握,思考用什么样的形式实现课堂节奏的最优化。有的老师认为中学数学课堂节奏不能像小学的那么慢,也不能像大学的那么快,中学数学课堂的节奏应该快慢结合。对中学数学课堂教学节奏的把握,方法很重要。一方面,教师需要维持课堂上的纪律,这意味着一些提示性的语言和约束性的语言必不可少;另一方面,教师需要对课堂教学内容的处理、教学方式的改变做出适当的调整,这意味着要把握好数学课堂教学设计的节奏、师生语言的节奏以及数学活动的节奏①。总体而言,对于数学课堂教学,教师需要在导入时就把握好节奏,把学生吸引到数学的思维世界中。

教师要在持续的尝试和实践中优化自己的教学方法,掌握精确的课堂教学语言,逐步形成自己的教学风格。教师在课堂上的举手投足都会对学生产生影响,教师的教态、语言、表情等都是学生关注的焦点。教师自己的教学情态具体是什么样的,如果只有学生看到、感受到,而自己却完全不知道,那么对教师的教学提高是十分不利的。同时,教师也要在日常教学积累中不断创新,因为数学与日常生活是息息相关的,所以教师在设计教学导入时,也要考虑教学环境、生活环境、时事环境等环境元素。学生所处的环境是最容易被他们关注的,而且学生对环境元素也有自己的认识,把这些元素纳进课堂导入,尤其是事实与表象有冲突的时候,更容易激发学生的兴趣,引起他们的好奇心。学生积极关注的时事也是很好的导入素材,这些素材有一定的时效性,不仅能提高学生的学习兴趣,还能拉近教师与学生之间的距离,进一步提升教师个人课堂导入的技能。

思考与练习

1. 要有效激发学生的学习兴趣,中学数学课堂导入应该注意哪些要点?

2. 中学数学教师课堂导入技能的提高路径有哪些?

---

① 王庆宁.初中数学课堂教学节奏的把握[J].新课程教学,2019(18):14.

中学数学概念课教学技能的认识与提高

数学概念是构建数学理论的基础,是数学学习的基础和核心。数学概念课是中学数学课堂教学的重要类型之一,是实现学生理解和掌握数学概念内涵本质,提升概念应用能力,学会灵活应用概念解决生产生活中的实际问题,发展学生数学抽象、数学建模等核心素养的重要课型[①]。教师应重视中学数学概念课的教学,提升中学数学概念教学的技能。本章将对中学数学概念课的主要特征进行阐述,然后结合具体案例对如何设计并实施数学概念课进行探讨,并就中学数学概念课教学技能的提高提出若干建议。

第一节 中学数学概念课的主要特征

一、数学概念反映了数学对象或现象的共同特征

数学概念是反映客观事物在数量关系和空间形式方面本质属性的思维形式,是人们通过实践,从数学所研究的事物对象的许多属性中,抽象出本质属性概括而成的[②]。数学概念的形成,标志着人们对数学对象和现象的认识已经从感性上升到理性阶段。数学概念是进行数学推理和证明的基础与依据,数学中的推理和证明实质上是由一连串的概念、判断和原理组成的,而数学中的原理又都是由一些概念构成的。因此,数学概念的学习是数学学习的基础,数学概念的教学也是数学教学最重要的组成部分。数学概念教学的目的就是要帮助学生找出某一类数学对象或数学现象的共有的、最为本质的属性。

数学概念一般包括概念的名称、属性、定义、例子四个方面,表述形式可以归纳为"……叫作……",其中叫作之前的内容主要是概念的本质属性,叫作之后的内容主要是概念的名称,整句话的内容即为概念的定义。例如,"两组对边分别平行的四边形叫作平行四边形"是平行四边形这一概念的定义,"两组对边分别平行""四边形"是平行四边形这一概念的本质属性,"平行四边形"是这一概念的名称,符合这一概念定义特征的具体图形都是"平行四边形"的例子,称为正例,否则称为反例。这一定义本身即是平行四边形这一概念的内涵,而所

① 张梦瑶. 高中数学概念课教学目标设计评价指标体系构建研究[D]. 天津:天津师范大学,2021:4.
② 何小亚,姚静. 中学数学教学设计[M]. 北京:科学出版社,2008:39.

有的平行四边形,包括长方形、菱形、正方形,是平行四边形概念的外延。数学概念的学习是通过概括对象的共同本质属性,理解概念的内涵,把握概念的外延,在头脑中形成概念表象,并不断深化直至构建出清晰的概念图式。概念图式是由一些反映概念属性的观念组成的,图式中观念的多少、准确与否、深刻程度是反映概念理解水平的重要因素。例如,$|a|$ 的本质属性包括:这是一个数,它可以直接与其他数进行运算;这个数是非负的;绝对值符号中数的正负性都不影响加了绝对值符号以后数的正负,但绝对值符号中数字的大小会影响加了绝对值符号以后的数的大小。

二、数学概念形成的基本过程

数学概念的来源主要分为两个方面:一是对客观世界中的数量关系和空间形式的直接抽象;二是在已有数学理论上的逻辑建构。相应地,可以将数学概念分为两类:一类是对现实对象或关系直接抽象而成的概念,与现实较为贴近,例如,三角形、四边形、角、平行、垂直、相似等;另一类是纯数学抽象物,是抽象思维的产物,是一种数学逻辑构造,没有客观实在与之对应,但对数学理论的建构和发展非常重要,例如,方程、函数、向量内积等[①]。无论是何种来源、何种类型的数学概念,学生在构建过程中都会经历概念形成和概念强化两个阶段。概念形成是获得初步的感知,概念强化是对概念本质的深入掌握。

概念形成主要指学生通过对具体例子的观察、分类和概括,总结出这类例子所具有的共同属性。在这个过程中,学生的概括能力起着重要作用。概括是形成概念的前提,也是发展思维品质的关键[②]。概括的水平越高,归纳过程中对具体对象共性特征的提炼也就越准确。例如,在"无理数"概念的教学中,教师可以通过展示若干无限不循环小数,让学生归纳这类数的特点。如果学生归纳不准确或者有遗漏,教师可以通过引导或者举反例,让学生纠正自己的判断,获得对对象共性更为准确的概括,直至无理数概念的形成。在"平移"概念的教学中,教师可以通过展示若干图形在不改变形状的情况下,沿着某个方向做相同距离的运动,让学生归纳出这种运动过程具有的特征,列出相应特征后,教师再命名,把这种过程称为平移。由此可见,这些数学概念的建立,都需要学生在观察后对其进行归纳。

学生通过归纳后,形成对概念的初步感知,也就知道了这类数学对象或数学现象叫什么,但是这个概念具有怎样的特征,具体内涵和外延如何,往往还需要通过学生的练习和比较以及教师的讲解和分析来不断强化理解,这就是概念的强化。在教学实践中也有教师会直接告诉学生数学概念是什么,有怎样的特征,然后通过练习让学生判断哪些属于这个概念,哪些不是。这种概念教学的方式没有经历形成阶段,直接进入了强化阶段,虽然说学生也能记住并正确运用,但是没有经历归纳的探索过程,属于演绎的接纳与运用,倘若未能较

① 邵光华,章建跃.数学概念的分类、特征及其教学探讨[J].课程·教材·教法,2009,29(7):47—51.
② 林崇德.智力发展与数学学习[M].北京:中国轻工业出版社,2011:109—110.

好地引导和强化,学生就可能容易遗忘或出现理解的偏差。因此,在中学数学概念教学中,教师应尽量让学生经历归纳的过程。值得一提的是,学生在概括对象本质特征的过程中,往往需要不断印证和比较,因此在数学概念教学中,教师可以运用类比和反比,让学生更好地厘清概念的本质内涵和外延,准确把握概念的共同属性。

也有学者将数学概念的获得过程主要分为概念形成和概念同化。概念形成是指从大量的具体例子出发归纳概括出一类事物的共同本质属性的过程;概念同化是指学生的认知结构接收新的信息使得原有认知结构发生变化的过程①。其中概念形成的过程与本书的阐述基本一致,概念同化与本书的概念强化不同。学生在学习数学概念的过程中,无论是通过归纳,还是直接获得,都会将其与已知概念相比较,建立联系,发生认知结构的改变。这表明,将数学概念的建构分为概念形成和概念同化并不准确,而且两者也并非并列关系。而学生在获得数学概念后,都会通过练习、判断、分析,强化对概念的认识。因此,将数学概念的构建分为概念形成和概念强化两个阶段更为合理。中学数学教师在概念教学中,应该遵循这个过程,让学生能对具体例子进行归纳,获得对数学概念的初步感知,然后引导学生通过类比和反比,深化对概念内涵和外延的认识,并通过练习获得对概念更深刻的理解。

三、数学概念教学的常用策略

在数学概念学习中,学生最容易出现认知冲突、错误概念和概念转变这三种与认知障碍相关的问题②。其中:认知冲突是指新认识的概念和已知的概念出现了不一致,这种冲突可能会导致焦虑,也可能会引起兴趣;错误概念,也被称为概念混淆或概念迷失,大多是对概念内涵掌握不够准确导致的;概念转变是指对现有概念不满,进而构建更为合理、准确的新概念。为此,可依照以下理论实施数学概念教学。

(一) 基于脚手架理论的教学

脚手架理论是依据维果斯基的"最近发展区"提出的教学理论,"脚手架"一词是布鲁纳等人于1976年提出的概念,指通过搭建脚手架的方式降低任务的难度,也指明任务是有高低层级的,应该从低到高依次完成。由于数学概念具有较强的抽象性,在教学中搭建若干脚手架是十分必要的。脚手架的主要层级如下。

第一步:动手操作。组织学生看看、画画、摸摸、试试,这个过程在低年级尤其重要,高年级可省略。

第二步:观察归纳。通过呈现不同的例子,让学生通过观察来归纳共性,并在黑板上记下学生所提出的对象的共同特征。

第三步:比较深化。通过举反例,深化学生对概念的认识,使其最终能准确概括,并用数

---

① 何小亚,姚静.中学数学教学设计[M].北京:科学出版社,2008:40.
② 鲍建生,周超.数学学习的心理基础与过程[M].上海:上海教育出版社,2009:125.

学语言和符号进行表征。

第四步:练习巩固。通过练习,更深入认识概念,把握不同表征下概念的内涵和外延。注意:练习的难度需要有一定梯度,从易到难逐步增加。

当然,脚手架的建立与具体的教学对象有关,教师应根据学生的认知基础和课堂表现针对性地设置和调整脚手架的形式和难度。课堂教学应以学生的核心素养发展为本,学生能在引导下自己归纳得出概念的,教师就不用代劳,要尽量让学生体验思考的过程,因为经历思维体操后获得的经验会更持久,也更能有效内化。

(二) 基于变式理论的教学

变式教学是指采用不同形式阐述对象本质特征的教学,目的在于较好地帮助学生区别对象的本质特征与非本质特征。利用概念的非本质特征的变式可以凸显概念的本质特征,通过改变一些能混淆概念外延的属性或改变概念外延帮助学生对所学概念本质有多角度理解。例如,教师在教学中可以用直观或具体的变式引入学习方程概念,用非标准其他形式凸显方程概念的本质属性,然后用"举反例"纠正对方程概念的不正确理解[①]。数学概念教学的变式主要分为以下三种[②]。

1. 通过直观或具体的变式引入概念

主要指通过对直观物体的观察抽象出数学概念,例如通过对课桌面、黑板、海平面等物体的观察,引出平面的初步概念,这相当于脚手架理论的前两个步骤。由于数学概念是逐次抽象的结果,因此具体与抽象是相对而言的。一些数学表达式相对于现实可能是抽象的,但是对于一些数学概念来说又是具体的。例如,$y = x + 1$、$y = 2x + 3$、$y = 6x - 2$ 等,虽然是数学表达式,但对于"一元一次方程"来说是直观和具体的。

2. 通过非标准变式突出概念的本质属性

数学概念是一种外延性概念,有着清晰的边界,将概念的外延作为变异空间,对其所包含的对象进行变式,通过对不同变式共同属性的解读,来提高学生对概念的理解。例如,将直角三角形、正方形、平行四边形等斜着呈现,让学生判断其图形;也可以呈现非标准型的圆方程,让学生判断其对应的图形。

3. 通过非概念变式明确概念的外延

数学概念的理解除了对内涵的解读,也可以通过对外延的分析来明确内涵,因为内涵和外延是相互联系着的。由于数学概念通常都存在于一个由多种概念组成的概念体系中,为此教师可通过具有上下位关系的概念入手,或者从常见的学生错误理解的概念入手,让学生通过比较,深入理解概念的内涵与外延。此外,在概念形成阶段,还可以运用过程性变式,帮

---

① 李静.哲学视野下小学数学多元表征变式教学构建及其实证研究[J].数学教育学报,2016,25(5):45—48,91.
② 鲍建生,周超.数学学习的心理基础与过程[M].上海:上海教育出版社,2009:139—140.

助学生逐步构建概念。

（三）基于联结理论的教学

数学概念的深入掌握需要学生将其与已知概念建立有效联结，常见的教学工具就是概念图，具体教学环节如下。

1. 选择

教师选择所要建构概念的概念图。每一个概念都可以由不同细致程度的逻辑构建形成概念图，教师要根据具体教学内容和学生认知选择目标概念图。

2. 归类与排序

要求学生根据每个概念所包含属性的从属关系或概括性，将属性相似或相同者归为一类，这样至少将概念分为两类；然后对每一类中的概念按照从属关系或阶层关系进行排序。

3. 联结及标记

要求学生用不同类型的线对概念之间的联系进行联结，并能说明各种联结的类型是什么。

4. 交叉联结

在不同概念群中找出相关联的地方，也用线联结，并能说明联结的理由。这种交叉联结可以激励学生发挥想象力、创造力和应变力。

5. 举例

针对概念图中的最低端概念，也就是最特殊化、具体化的概念，要求学生能在融会贯通的基础上举出例子，这可以避免学生对概念的机械记忆。

在数学概念的教学中，应注重实质，淡化形式。一些数学概念本身就是人为定义的，不需要对此进行逐字逐句的分析，应该注重概念所体现的本质内涵。例如，0 是不是 12 的余数，$x=1$ 是不是方程，深究这些都意义不大，让学生理解余数是什么、方程的意义为何更重要。当然，在数学概念的教学中，适当的记忆是必要的，但是更关键的是帮助学生理解，在记忆中理解，在理解中记忆，通过各种运用深化理解以形成稳定的认知。

第二节　中学数学概念课的设计与实践

数学概念课是指将数学概念作为主要知识，以达成概念理解为重要目标的课堂教学。为此，需要在教学设计环节进行精心准备，在教学实施环节有效落实。

一、中学数学概念课的设计要领

数学教学设计是以数学学科的教育理论为基础，运用系统方法分析教学目标、方案等，并对方案进行评价、修改的过程[①]。有效的教学设计是有效教学的重要保证,教师应该在准确分析概念特征和学情的基础上,确定合理的教学目标,并围绕教学目标,选择教学方法,设定合理的教学过程。

(一) 概念教学的目标设定

设定教学目标是教学设计的关键环节,只有确定了目标,后续的内容选择和过程组织才能更有针对性。在数学概念教学中,教师需要深入分析概念的学科本质逻辑,然后从知识角度将其分为若干层级的目标。例如,在"无理数"概念的教学中,教师要理解无理数的重要特征是无限不循环的小数,既要满足无限,又要不循环。因此,应将学生能正确认识无理数概念的无限性作为第一层级的目标,将理解无理数概念的不循环性作为第二层级的目标,尤其是要让学生区分循环和规律的区别。接着,确定概念教学的能力目标,以"无理数"概念为例,在明确了知识性目标以后,可确定与之相应的能力目标,包括能认识常见的无理数,能正确区分有理数和无理数,掌握无理数的基本特征,能用自己的语言正确表述无理数的概念等。最后是概念教学情感性目标的确定,一般来说数学知识的学习可以对学生数学思想方法的形成产生影响,学习过程可以对学生人格品质方面的提升产生影响,教学组织可以对学生的数学情感以及合作交流等方面的意识产生影响。

学科逻辑的分析可以确定教学目标,但是程度的要求需要结合具体的教学对象来确定。因此,教师需要对教学对象进行分析,在对他们的知识基础、思维特征和学习习惯等方面有较为深入的分析以后,确定各教学目标的具体要求深度,也就是要达到怎样的水平,并根据教学环境、教材等其他现实情况,对教学目标进行微调。

(二) 课堂过程的设计

在明确教学目标后,相应的重难点也就确定了。然后依据教学目标设计教学过程,这部分是教学设计的主体内容,会对具体的教学实施产生重要影响。在数学概念教学中,教师需要深入该数学概念与学生生活经验、已有数学概念之间的关系,进而确定采用何种方式构建数学概念。一般来说,主要包括从学生的直接生活经验形成数学概念、从学生的已有数学概念中形成新的数学概念,或者直接给出数学概念,让学生逐步理解。采用哪种构建方式,会在很大程度上影响教师课堂导入的选择。但是无论何种构建方式,导入的选择都并不唯一,在职前学习阶段,职前教师可以多次尝试,找到适合自己和教学内容的课堂导入,并熟练掌握其要点。良好的开始是成功的一半,这在中学数学概念课的课堂教学中也同样适用。是否有一个良好的开始,会对后续课堂实施的效果产生相关影响。

数学概念形成后,需要对其进行强化。教师可以设计若干环节,通过学生练习和教师讲解相结合,让学生更深入掌握概念的内涵和外延。这个过程需要做好以下几个方面的工作。

---

① 吴立宝.中学数学教学设计[M].北京:清华大学出版社,2021:4.

首先,教师要明确各环节的目标。教学设计的目的是要超越经验,让课堂教学的实施更具科学性和合理性。因此,教师对教学过程要有整体性构思,要思考实现教学目标需要分为哪几个环节,每个环节的目的是什么。在这种构思下,教学的过程会有清晰的层次,每个局部的目标十分明确,而且各个局部之间有着密切的联系,是逐步深入的。这种清晰的教学思路,对学生理解概念十分重要。

其次,练习题的选取要具有针对性。数学题目有很多,不同难度、不同类型、不同综合度等,教师在选择或者编制时需要有明确的目的,要针对具体环节和层次的目标。如果已经有题目可以起到相同的作用,那就不必再重复。题目是讲不完也练不完的,关键是要能帮助学生掌握数学概念。

最后,要善于运用类比和反例帮助学生理解数学概念。数学概念内涵和外延的理解离不开比较,教师在教学设计时可以考虑安排适当的内容通过类比和反例帮助学生掌握。例如,在学习分式概念时,可类比分数的概念,帮助学生认识分子和分母;在学习平行概念时,可通过线段延长后可能相交的反例让学生理解平行是针对直线而言的。

课堂教学一般需要设置小结环节,让学生对本节课的主要内容和重点内容有更深刻的记忆。数学概念教学的小结,主要针对概念的关键词、表达式、易错点进行强调。如果有时间,教师可通过提问,让学生用自己的语言来总结。课堂小结往往与板书相结合,这就要求教师在教学过程中要注意板书的设计,明确板书的哪部分是保留的,哪部分是可擦掉的,对于保留的部分要写哪些内容,什么时候写,等等,这些都需要在教学设计的时候规划好。

(三) 课后作业的设计

数学课往往通过布置课后作业,以检验教学效果。数学概念课的作业要能体现教学目标的落实,注重学生对概念本质内涵的理解,是一种淡化形式化的、机械记忆式的作业。作业的布置常常依赖于教材或者参考书,如果这其中有较为合适的题目当然最好,如果没有,那就不必勉强,教师可以自己设计作业。作业设计能力也是教师专业水平的重要组成部分,作业设计要能体现教学目标、教学内容和教学评价的一致性。

作业批改同样是概念教学的重要组成部分,在设计作业时,教师就要确定好以何种方式批改,以怎样的形式反馈给学生,等等。

二、中学数学概念课的教学要点

数学概念的课堂教学与其他类型的课堂教学有较多共性,与教师的专业水平,尤其是语言表达能力、课堂组织能力、教育技术能力和板书设计能力等有着直接的联系。但是,数学概念教学也有一些独特的属性,需要在实施过程中引起注意。

(一) 数学概念形成的教学

数学概念的形成一般可通过对现实事物、数学表达式或数学图形的观察帮助学生归纳其中的共性特征。曹才翰与章建跃等人提出了概念形成过程包含的七要素[1]:(1)辨别:刺激模式;(2)分化:各种属性;(3)类化:共同属性;(4)抽象:本质属性;(5)检验:确认;(6)概括:形成概念;(7)形式:用符号表示。教师在教学中应该慎重选择实例,需要注意以下几点[2]。

1. 针对性

应围绕数学概念的本质属性选择实例,要淡化这些实例的非本质属性,以免干扰数学概念的形成。

2. 可比性

既要设计所形成的数学概念的正例,又要设计不符合这一概念的反例。在概念引入阶段,正例和反例应当容易识别,能明显区分它们的某些不同属性。

3. 适量性

实例要有一定的数量,太少不足以形成概念,太多会浪费学习时间,并使学生感到乏味。

4. 趣味性

实例尽可能生动、有趣,语言要简练,以利于激发学生的学习兴趣。还可借助实物模型、图片、视频等形式引入。

5. 参与性

组织学生对所列的实例进行比较、分类,并进一步展开讨论,找出它们的本质属性。

例如,人教版初中数学教材中关于"函数"概念的引入采用的就是概念形成的方式,通过多个具体的实例,从不同背景下所反映的变化过程中的两个变量,以及变量之间有对应关系的本质入手,帮助学生建立良好的认知结构,让学生充分感知函数概念。在函数概念形成过程中,学生要获得变量与变量之间对应的本质属性,要舍弃背景及变量的一些非本质属性,从而形成函数的概念[3]。

(二) 数学概念强化的教学

数学概念形成后,需要通过不断强化以达到准确掌握的目的,这是一个反复的过程,也是一个逐步深入的过程。教师要对数学概念的重点、难点有准确的把握,在教学实施过程中要敏锐捕捉学生的学习进程,若学生掌握得不错则可略过个别内容,若掌握得不好则要及时补充若干案例或者从另外的角度加以分析与再解释。

在教学中要组织学生运用数学概念,这种运用主要体现在两个层次上:一种是知觉水平的运用,指学生获得同类事物的概念后,当遇到特例时能立即把它看作是这类事物中的具体

---

[1] 曹才翰,章建跃.数学教育心理学(第3版)[M].北京:北京师范大学出版社,2017:112.
[2] 叶雪梅.数学微格教学[M].厦门:厦门大学出版社,2008:72.
[3] 刘海涛.初中数学函数概念形成的心理分析[J].教学月刊(中学版),2012(7):55—57.

例子,将其归入知觉类型;另一种是思维水平的运用,指学生学习的新概念被纳入水平较高的原有概念中,新概念的运用必须对原有概念进行重新组织和加工,以满足解决当前问题的需要。因此,数学概念教学中的练习强化要注重概念的辨析以及简单运用和灵活运用的逐步推进。在课堂教学中也可以采用不同的变式,让学生体会概念的本质特征。

三、中学数学概念课案例与评析

　　"数与代数"是中学数学学习的重要领域之一,本部分以该领域中的"函数"这一核心概念的教学案例[①]为例,通过内容分析、教学过程、教学评析等展示并分析教师的教学思路和教学实施情况。

学段	初中	学科	数学	年级	八年级
教学课题	函数(第一课时)				
内容分析	"函数"第一课时是苏教版《数学》八年级上册第六章的内容,属于数学四大领域中的"数与代数"部分。函数是研究现实世界的变化规律的一种重要模型,一直是初中数学"数与代数"部分的重要内容。本节课是学生在七年级学习了代数式、方程、不等式等内容的基础上,继续通过对变量间关系的研究,初步体会函数的概念,为后续学习打下基础。同时,函数的学习可以让学生体会数形结合的思想方法,感受到事物是相互联系和变化的。				
教学目标	1. 通过简单实例,了解常量与变量的意义。 2. 能说出一些函数的实例,并能根据文字、表格、图象判断两个变量之间的关系是否是函数关系。 3. 通过讨论、归纳等数学活动,提高学生概括知识的能力;从实例到概念生成,让学生经历知识的形成过程,体会"数形结合""类比"等思想。 4. 在小组合作交流的过程中,能较好地理解他人的思考方法和结论。 5. 通过对问题情境的探索,培养学生善于观察、勤于思考的品质和认真细致的学习习惯。				
教学重点	理解函数的概念,能判断两个变量之间的关系是否是函数关系。				
教学难点	根据文字、表格、图象理解两个变量之间的对应关系。				

———————————

① 本教学案例由江苏苏州工业园区星湾学校杨清老师提供。

(续表)

设计思路	问题探索—类比小结—概念生成(常量和变量、函数)—概念巩固—习题精练(三个角度设置)—回归生活—课堂总结(铺垫)。

教学过程	**一、探究活动一**
	
	1. 活动 1:某种矿泉水,每瓶 1.5 元。
	
	(1) 买两瓶,需_____元;
	    买四瓶,需_____元;
	    买六瓶,需_____元。
	
	(2) 在这个变化的过程中,没有变化的量是_____,变化的量是_____。
	
	2. 活动 2:把一根 2 m 长的铁丝围成一个长方形。
	
	(1) 填表。
	
	宽/m: 0.1 | 0.2 | 0.3 | … 长/m: (空) …
	
	(2) 在这个变化的过程中,没有变化的量是_____,变化的量是_____。
	
	3. 类比总结。
	
	没有变化的量 / 变化的量
	问题 1: 矿泉水的单价,即 1.5 元/瓶 / 购买的瓶数,总费用
	问题 2: 周长 2 m / 长,宽
	
	4. 概念生成。
	在某一变化过程中,数值保持不变的量叫作常量,可以取不同数值的量叫作变量。
	
	5. 概念巩固。
	(1) 活动 1 中的常量、变量分别是什么?
	(2) 活动 2 中的常量、变量分别是什么?
	
	【师生互动】
	(师)教师依次提出活动及相关问题,学生解答;教师类比总结两个活动,提出"常量、变量"的概念。
	(生)学生说一说两个活动中的常量和变量。
	
	【设计意图】每个活动设置 3 个实例,类比共性,提出新概念生成的必要性;学生参与新知识的产生和运用过程,提高学习热情。
	
	二、探究活动二
	1. 活动 1:一辆汽车以 60 km/h 的速度匀速行驶,行驶路程为 s km,行驶时间为 t h。

（续表）

（1）在这个变化过程中有哪些变量？

（2）填表。

t/h	1	2	3	4	5	……
s/km						……

（3）观察表格,变量之间有什么联系？

2. 活动 2:你见过水中涟漪吗？圆形水波慢慢扩大,在这一过程中,圆的面积为 S 平方厘米,半径为 r 厘米。

（1）在这个变化过程中有哪些变量？

（2）填表。

r/厘米	10	20	30	……
S/平方厘米				……

（3）观察表格,变量之间有什么联系？

3. 活动 3:把 10 本书随意放入两个抽屉(每个抽屉内都有书放入),第一个抽屉有 m 本书,第二个抽屉有 n 本书。

（1）在这个变化过程中有哪些变量？

（2）变量之间有什么联系？

【师生互动】

(师)教师呈现三个活动,引导学生思考得出"有两个变量""变量之间的联系是当一个变量取定一个值时,另一个变量有唯一的值和它对应"。

(生)学生讨论后回答问题。

【生生互动】　小组讨论,解决"观察表格,变量之间有什么联系"这个问题。

【设计意图】　每个活动情境的设置都是在为揭示函数的定义做准备;填表是为了将"两个变量之间的关系"刻画清楚;采用小组讨论的方式是为了突破教学难点。

（续表）

4. 类比小结。

活动 1：两个变量，S 随着 t 的变化而变化，每当 t 取定一个值时，S 都有唯一的值与它对应。

活动 2：两个变量，S 随着 r 的变化而变化，每当 r 取定一个值时，S 都有唯一的值与它对应。

活动 3：两个变量，n 随着 m 的变化而变化，每当 m 取定一个值时，n 都有唯一的值与它对应。

共同点：一个变化过程，两个变量，一个变量随着另一个变量的变化而变化，每当一个变量取定一个值时，另一个变量都有唯一的值与它对应。

【师生互动】 教师与学生一起总结活动 1、活动 2、活动 3 中的共同点，鼓励学生多说。

【设计意图】 让学生总结共同点，引导学生认真思考，助力学生观察能力的提升。

5. 概念生成。

一般地，在一个变化过程中的两个变量 x 和 y，y 随着 x 的变化而变化，如果对于 x 的每一个值，y 都有唯一的值与它对应，那么我们称 y 是 x 的函数，x 是自变量。

6. 概念巩固。

(1) 请说一说活动 1、活动 2、活动 3 中的自变量和函数。

(2) 先判断下列变化过程中有无函数关系，若有请说出其中的自变量和函数。

① 某种矿泉水，每瓶 1.5 元；(变量：购买数量和总费用)

② 把一根 2 m 长的铁丝围成一个长方形。(变量：长和宽)

【师生互动】

(师)教师提出问题。

(生)学生解决问题。

【设计意图】 用所学的新知识解决三个活动情境中的问题，不仅巩固了新知，而且真正做到了学以致用；帮助学生将实际问题转换成数学中的"函数"模型。

7. 习题精练。

(1) "沙漏"是我国古代的一种计量时间的仪器，它根据一个容器里的细沙漏到另一个容器中的数量来计算时间。请说出这个变化过程中的自变量和函数。

(2) 按图示的运算程序，每输入一个实数 x，便可输出一个相应的实数 y。请问：y 是 x 的函数吗？为什么？

输入 x → +2 → ×5 → −4 → 输出 y

(3) 下列表格是否表明 y 是 x 的函数，为什么？

①

x	3	30	35	37
y	3	±4	6	8

（续表）

②

x	3	30	35	37
y	3	4	6	8

③

x	3	30	35	37
y	3	3	6	8

(4) 下列各曲线中哪些表示 y 是 x 的函数？

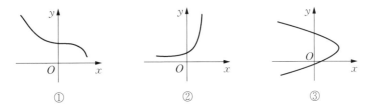

①　　　　　　　　②　　　　　　　　③

(5) 判断下列各变量之间的关系能否构成函数，并说明理由。

① 圆的周长与半径；

② 长方形的宽一定，它的面积与长；

③ 正方形的面积与周长；

④ 等腰三角形的面积与底边长。

【师生互动】

(师) 教师引导学生思考每一道习题，并及时总结。

(生) 学生独立思考并回答问题，小组讨论发表观点。

【生生互动】　习题(4)(5)难度逐渐增加，需要学生小组合作完成。

【设计意图】　习题(1)(5)是从文字的角度理解函数；习题(3)设置了 3 个变式，从表格的角度，帮助学生理解函数的两个变量之间的对应关系；习题(4)从图象的角度阐述了两个变量之间的对应关系，引导学生体会数形结合思想。

8. 畅所欲言。

请你举出一些身边的函数实例，并指出其中的自变量与函数。

【师生互动】

(生) 学生举手回答。

(师) 教师简单点评。

【设计意图】　发散学生的思维，带领学生体会生活中处处有数学的美妙。

（续表）

9. 课堂总结。

生活中处处有常量、变量,函数揭示了变量之间的关系。

在下图所示的直线 $y = kx + b$ 中,y 也是 x 的函数。这是我们下节课要研究的函数。

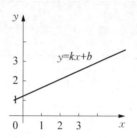

【设计意图】 揭示函数的重要意义,为一次函数的教学做好铺垫。

10. 作业布置。

苏科版《数学》八年级上册《课时作业本》6.1"函数"第一课时。

评析

1. 基于实例探索,分类聚焦属性。

学生掌握一个概念,就是要掌握同类事物的共同特征。函数概念作为初中数学的一个核心概念,是由常量数学到变量数学转折的关键之一,也是变量数学的起点。此外,函数概念作为一个具有双重条件的概念,也是初中数学中比较难形成的较为抽象的概念。本课基于八年级学生的已有知识基础和学习经验,以生活中的实例为基础,以问题为驱动,通过"实例探索",让学生在具体感知中逐步聚焦常量、变量和函数的概念属性,体现数学来源于生活。这一环节教师善于通过活动及相关问题激发学生的思维动机,以促成探究为导向,通过动眼观察、动脑思考、动口表达等多样化的方式,积极引导学生观察思考归纳总结,帮助学生透过现象看本质,为概念的形成奠定基础。

2. 开发多方资源,深化概念理解。

本节课打破了以灌输为主的概念课常规教学模式,关注了学生的主体地位,以学生为中心,多方调动学生学习的积极性,开发利用了课堂上的生成性资源。抛弃题海战术,从表格、图像、文字等多个角度分别选择少而精的习题,精练丰富课程资源,不断巩固深化学生对概念的理解。让学生畅所欲言,说一说生活中的函数,既能让学生体会生活中处处有数学,学以致用,也能检查并深化学生对概念的理解。学生在师生互动、生生互动、独立思考和表达等过程中,不断澄清概念理解中容易出错的内容,正确掌握概念的本质特征,这一过程能很好地帮助学生建立相关知识间的联系。

第三节　中学数学概念课教学技能的提高

数学概念课教学技能与教师的专业知识、能力都有着密切的联系,要提高这种技能需要教师不断地丰富其相关的知识,并通过实践和反思,提高概念课教学的设计能力与实践能力。

一、丰富数学概念教学所需要的专业知识

教师课堂教学所需要的专业知识包括学科知识和学科教学知识。数学概念课课堂教学所需要的专业知识包括理解数学概念所需要的知识,以及有效设计与实施数学概念教学所需要的知识。教师自身对数学概念的整体认识和理解程度会影响甚至决定数学概念教学的水平。教师在备课过程中应该通过相关文献的阅读、教材的比较分析,对数学概念的学科本质、概念之间的联系、概念的内涵和外延、概念的发展历程都有较为深入的理解。数学概念教学不能仅限于告诉学生某一概念是什么,还应让学生了解概念的本质,既要关注概念的本质,也要关注概念的生成,这就需要教师具备一定的数学学科知识。只有这样,才能在数学概念的教学中更好地强化学生对数学概念本质的理解和应用。教师是教学者,同时也是一名学习者,教师要不断提升自身的数学专业知识,厘清"概念是怎么来的,概念是什么,概念有什么用"这一问题链,丰富其内涵,这也是概念教学顺利推进的基础和保障。

除了数学学科知识,教师还需要明确怎样组织教学才更有利学生的学习,选择怎样的教学素材学生才能更有效地掌握概念,这需要教师具备数学概念教学相关的教育教学知识。这是教育学、心理学和数学相交叉的知识,是数学教师专业水平的重要表现。这类知识虽然与教师的教学经验有关,但也与教师的教学投入程度有关。如果教师能在每个知识点的教学中深入思考,结合文献所提到的方法和原理进行整合组织,那么这类教学知识会不断丰富,进而以点带面形成网状的专业知识体系。因此,中学数学教师提高概念课教学能力的首要任务是丰富数学概念教学所需要的专业知识。

二、提高数学概念教学所需要的专业能力

与课堂教学关系最为密切的教学能力主要包括教学设计能力,以及实施教学所需要的语言表达、信息技术运用、课堂教学组织等能力。因此,中学数学教师应通过有效路径提高自己的教学设计与实践能力,这种路径主要包括教学观摩、文献学习与反思,以及实践训练。

教师是一种实践性很强的职业,对教学能力有着较高的要求。首先,教师要通过训练提高自身的教学设计能力,这其中主要包括构思与文本的撰写,前者具有独特性而后者存在一定的普遍性。如何设计出有新意、适合学生学习的教学是教学设计能力最为重要的表现,需要教师在设计时多思考、实践后多反思,能从研究文献和教学视频中获得灵感和启发。教学设计文本的撰写具有一定的规范性,只要通过训练即可掌握其中的要领。其次,教师要通过实践训练、视频观摩和教研文献的阅读,不断提高自身的各种实践能力。这其中最为关键的

是语言表达能力，不但要准确，还要具有较强的启发性和引导性，这种能力是不断训练的结果，职前教师或新手教师可先进行适当的模仿，而后找到适合自身的课堂教学语言风格。此外，还有教学组织能力、教育技术能力和板书能力等，这些能力中有部分涉及教师的教学智慧，也有部分属于技术性能力，无论哪一种都离不开训练，尤其是精心准备后的训练与反思。

值得一提的是，很多教研文献是一线教师针对数学概念教学的心得体会，或者是对数学概念本身的分析，教师可以通过阅读文献丰富自身的专业知识、提高专业能力。这种提高方式，某种程度上是站在他人的肩膀上，往往可以起到事半功倍的效果。当然，我们倡导教师在实践或学习过程中撰写教研论文，哪怕是反思日志，因为这是归纳总结的过程，是经验提炼的过程，对教师专业发展有很大的促进作用，能让中学教师更有效地实施数学概念教学。

思考与练习

1. 简述数学概念课的主要特征，可结合具体例子进行说明。
2. 简述数学概念课教学设计的要领。

中学数学命题课教学技能的认识与提高

数学命题是对数学概念之间关系的一种刻画,数学命题学习是数学概念学习的展开与深化,同时也是问题解决的基础,还是形成数学技能、培养数学能力和素养的重要途径。因此,数学命题教学十分重要。中学数学教师应加强对数学命题课的认识,重视数学命题课教学,提升中学数学命题课教学技能。本章将介绍中学数学命题的内涵特征、数学命题学习的基本形式以及中学命题教学常用的教学策略,并结合具体案例探讨如何设计并实施数学命题课,在此基础上提出中学数学命题课教学技能提高的若干建议。

第一节 中学数学命题课的认识

厘清中学数学命题的内涵特征、数学命题学习的基本形式以及中学数学命题教学的常用策略等,可以为中学数学命题课的具体设计明确方向,为中学数学命题课的具体实施提供参考。

一、中学数学命题的内涵与特征

(一) 数学命题的内涵

一般意义上,逻辑学的"命题"指的是"表达判断的语言形式,由系词把主词和宾词联系而成"①。数学命题,则是数学知识的主体,由若干概念组成,揭示概念之间的关系,表示某种规律,且一般是对一类问题进行抽象和概括的结果②,主要是指用来表示数学判断的陈述句或符号的组合③。例如,"对顶角相等""同位角相等""直角三角形两直角边的平方和等于斜边的平方"都是用陈述语句表达的命题,而"$2+3 \geqslant 5$"则是用符号组合表达的命题。其中,数学命题的内容是数学命题学习的最根本部分。

数学命题在逻辑上有真假之分,一个数学命题不是真命题就是假命题,不可能既是真命

---

① 中国社会科学院语言研究所词典编辑室.现代汉语词典(第5版)[M].北京:商务印书馆,2009:959.
② 郭玉峰,刘春艳,程国红.数学学习论[M].北京:北京师范大学出版社,2015:247.
③ 曹一鸣,张生春,王振平.数学教学论(第2版)[M].北京:北京师范大学出版社,2017:140.

题又是假命题。如上述的"对顶角相等"是一个真命题,"同位角相等"是一个假命题。数学真命题包括公理(基本事实)、定义、定理、法则、公式、性质等。其中,数学公理是一组不证自明的命题;数学定义有判断的含义,也是一个真命题;数学定理是根据已知概念和真命题,遵照逻辑规则,运用正确的推理方法证明了真实性的命题[①];数学公式表示的是数量之间的相等或不等关系,即在一定情况或者条件下总是成立;数学法则表示规律,且常表示运算规律。

此外,从命题本身构成的复杂程度上来看,有简单命题和复合命题之分。其中,简单命题中不包含其他命题,例如,"正比例函数是一次函数"就是一个简单命题,这个命题中只含有"正比例函数""一次函数"两个概念,并没有包含其他命题。进一步,根据命题内容又可以将简单命题分为性质命题和关系命题[②]。"正比例函数是一次函数"反映的是正比例函数和一次函数之间的一种包含关系,这一命题可归为关系命题。"三角函数是周期函数"反映的是三角函数的一种性质——周期性,这一命题可归为性质命题。

数学命题是揭示数学概念之间关系的重要方式,是进行数学证明的重要依据。对于数学命题内涵的理解,需要分清楚数学命题中的条件和结论分别是什么,并掌握好它们之间的关系,同时还需要进一步分析该数学命题与其他有关概念、命题之间的关联性特征。

(二) 数学命题的特征

数学命题具有语义性特征、真理性特征、应用性特征和关联性特征[③],这些特征为数学命题的教学及其研究提供了新的视角,学习者可以通过掌握某个命题的这些特征从而掌握所学的数学命题。

1. 语义性特征

每一个数学命题都具有清晰确定的数学抽象语义,一般会利用数学的对象和关系来确定,同时也会用一些符号或者限定量词来表示或限制这些数学对象和关系,并通过一定的形式负载,其知识要素主要是:数学概念、关系、量词及逻辑联结词。例如,勾股定理即"直角三角形的两直角边的平方和等于斜边的平方"这一数学命题清晰地阐述了直角三角形作为数学对象所具有的三边之间的关系。其中,数学概念主要涉及"直角三角形""直角边""斜边",关系主要涉及"平方""和",量词和逻辑联结词在这一命题中没有出现,对直角三角形这一对象的限定量词"任意"被省略了。

数学命题的语义性特征直接反映了数学命题的数学意义,反映了形式化的抽象材料的思想意义。

---

① 中国中学教学百科全书总编辑委员会数学卷编辑委员会.中国中学教学百科全书(数学卷)[M].沈阳:沈阳出版社,1991:371.

② 鲍克惠.数学命题教学的逻辑要点[J].九江师专学报(社会科学版),2002(5):36—45.

③ 郑庆全,单墫.数学命题的特征及其教学意义[J].数学通报,2009,48(3):5—8,16.

2. 真理性特征

数学课程中涉及的数学命题绝大多数是真命题,这一特征被称为真理性特征。数学命题的真理性特征表现出来的知识要素主要有:一般的科学方法(如观察、实验、猜想、比较、分析、综合等)和证明数学命题的思想方法。对于某个具体的数学命题,其真理性特征的确定方法往往并不唯一,例如,对于余弦定理,可以用多种方法证明它是真命题。

需要指出的是,数学命题真理性的确定来自数学本身和实践,例如,数学公理是通过长期实践检验明确的,公理之外的其他数学命题通过逻辑推演而确定。在不同的数学命题体系中某一数学命题的真假值可能不同。例如,"三角形的内角和等于$180°$"在欧氏几何中是真命题,在非欧几何中却是假命题。此外,在同一数学命题体系中,存在逻辑真假值不能判定的数学命题,即"哥德尔不完备定理"。

3. 应用性特征

每个数学命题都可以作为工具来应用。数学命题的应用主要表现为解题,这种应用既有数学理论内部的应用,又有数学理论外部的应用。数学命题的应用性特征表现出来的知识要素主要有:有何用、何时用和怎么用。例如,余弦定理在实际中有广泛的应用,在解三角形的问题中有着广泛的应用,在解决有关测量问题、平面几何问题、解析几何问题时也都可能用到。

数学命题的应用性特征通过以不同的方式解决问题来反映命题,从而促进学生对数学命题的掌握。

4. 关联性特征

每个数学命题都与其他一些数学知识具有某种联系。数学命题的关联性特征主要是指数学命题在与其他相关数学知识相联系方面所表现出来的特征。其表现出来的知识要素主要是联系点、联系方式及其寻求方法,还表现为构成一个关于该数学命题的体系。例如:余弦定理可以和正弦定理、勾股定理以及三角形的面积公式等建立多种联系;平行四边形的所有判定定理构成了一个体系。此外,通常的原命题、否命题、逆命题和逆否命题也是数学命题关联性特征的一种表现形式。

数学命题的关联性特征使得数学理论体系得以形成,复杂的概念得以产生。强化对数学命题关联性特征的学习,易于形成关于某个数学命题或者某个数学问题的单元模块,从而高水平地掌握数学命题或高效地解决类似的问题。

二、中学数学命题学习的基本形式

数学命题学习是命题的逻辑意义向个体心理意义转化的过程,也是一个知识信息获取和智能信息获取并存的过程。这一过程一般包括三个阶段:命题获得、命题证明、命题应用[1]。中学数学命题学习主要包括学习数学公理、定理、公式、法则等，发现学习和接受学习是数学命题学习的两种基本形式[2]。

（一）数学命题的发现学习

数学命题的发现学习是一个通过观察、操作、实验、分析、推理等探索发现数学命题的过程。这一过程一般包括以下环节。

首先，探索条件发现结论。学习者通过观察有关命题的一些实际例子，找到这些例子所具有的共同条件，并在此条件下进行探索，发现结论。

其次，基于结论提出假设。基于对实际例子的探索发现共同的特性，通过概括进一步提出假设，将所发现的结果上升为数学命题。

再次，验证假设生成命题。通过理论或实践对提出的数学命题进行验证，在验证的基础上得到数学定理、公式等。

最后，理解命题应用命题。通过例题和练习等进一步深入理解数学命题，并学会数学命题的各种应用。

例如，用发现学习的方式学习数学命题"三角形中位线定理"的过程：首先让学生通过动手操作、自主合作等方式探究给定三角形的中位线的位置及相关量的数量关系，然后利用几何画板的动态演示功能改变三角形的形状，引导学生在观察中生成猜想，抽象概括出一般性命题，接着证明并应用命题。具体详见本章第二节中的教学案例。

总的来说，命题的发现学习是学习者通过考察命题的特例，抽象、概括、归纳出命题并在证明的基础上对命题加以应用的过程。当然，数学命题的发现学习也可以通过演绎推理的方式来进行。

（二）数学命题的接受学习

数学命题的接受学习是直接将要学习的数学命题呈现给学生，通过分析命题所涉及的数学概念、命题中的条件和结论，得出命题的逻辑关系，然后学习命题的证明，并用实际例子对命题的正确性进行验证的过程。这一过程一般包括以下环节。

首先，观察命题，分析命题。观察命题，理解命题的具体内涵，分析命题的条件和结论，以及命题的逻辑结构。

其次，激活命题相关旧知。利用原有的认知结构，找出与所学数学命题有关的概念、定理、公式等，将新命题纳入原有的认知结构中，建立起新的数学命题与原有认知结构之间的联系。为此，要对与所学命题有关的数学概念和命题进行适当的复习，以加深学生对所学数学命题的理解。

---

① 喻平. 论数学命题学习[J]. 数学教育学报，1999(4)：2—6，19.
② 刘晓玫，等. 中学数学教学研究[M]. 北京：教育科学出版社，2016：165—167.

再次,证明相应数学命题。在理解数学命题的基础上进一步分析用以证明数学命题的思路,运用已学过的某些命题来推导当前的数学命题并给出证明过程。这一环节是强化对命题的理解的重要阶段。

最后,理解命题,应用命题。通过例题和练习等进一步深化理解数学命题,并学会数学命题的各种应用,在应用的基础上完善个体的认知结构。

无论是数学命题的发现学习,还是数学命题的接受学习,一般都会让学生经历命题的证明、理解和应用等环节,这两种命题学习形式的不同之处在于命题获得的方式不同。发现和接受这两种形式各有利弊,在教学中常常将这两种形式结合使用。特别是伴随着现代信息技术的发展,多媒体技术、数学应用软件等工具为数学命题的发现学习创造了更大的可能。

三、中学数学命题教学的常用策略

在厘清数学命题的内涵特征以及基本学习形式的基础上,了解中学数学命题教学的常用策略可为开展数学命题教学明确方向。

(一) 过程性策略:关注知识发生的过程

在对数学命题进行证明的阶段,教师不应该把备课时准备好的证明思路直接给学生,而应给予学生充分暴露数学思维过程的机会。通过采取适当的教学方式,立足于数学命题产生的背景,引导学生感受数学命题产生、发展、演变的动态过程,鼓励学生动手实践、自主探索、合作交流,以促进新知的建构,这一过程性策略是数学命题教学的一种重要策略。这一策略要求教师在开展数学命题教学时要揭示数学命题的产生、推证过程,突出数学思想方法的提炼和应用过程,引导学生感受"再创造"的过程,而且要关注学生在证明过程中所遇到的障碍以及改变思路最终解决问题的过程[1]。学生只有亲历数学命题的发现过程,才能更好地理解数学命题的本质以及结构特征,并迁移应用数学命题。

(二) 变式策略:提供不同层次的变式

学生对习得的数学命题的应用并不总是在自身非常熟悉的情境中,往往需要在不同的情境中应用命题。因此,设计不同情境下的变式练习帮助学生理解和应用数学命题很有必要。一般来说,学生在学习某个数学命题的过程中经历的情境类别越多,就越容易提取出命题并将其迁移应用到不同的情境中。变式练习可以对学生的习得过程产生强烈的刺激,突出命题的本质,帮助学生深加工所学习的命题[2]。通过设计一些低起点、小坡度的问题串,为学生提供不同层次的变式,深化学生对命题为真的适用条件和范围的理解,促进学生理解数学命题及其所蕴含的数学思想方法的本质特征,这一变式策略是数学命题教学的一种重要

① 曹一鸣,张生春,王振平.数学教学论(第2版)[M].北京:北京师范大学出版社,2017:152.
② 郭玉峰,刘春艳,程国红.数学学习论[M].北京:北京师范大学出版社,2015:252.

策略。命题的多样化表达、命题的多种证明方法、命题的推广和引申命题等都是变式的重要来源。命题变式主要包括公式变式、图形变式和条件变式[①],变式的实质在于扩大数学命题的应用范围,以及用不同方法建立所学命题与相关知识的关联,培养学生灵活转换、举一反三的能力。在数学命题的教学过程中,教师需要精心设计一些富有层次性的练习题,深化学生对数学命题的理解。

第二节　中学数学命题课的设计与实践

鉴于数学命题由数学概念联结组合而形成,数学命题学习主要是要掌握数学概念之间的关系,为此数学命题教学的复杂程度通常会高于数学概念教学。对于数学命题课,需要教师在教学设计环节做好精心准备,在教学实施环节进行有效落实。

一、中学数学命题课的设计要领

学习数学命题,实际是把握数学概念之间关系的过程[②]。类似于中学数学概念课的教学设计,数学命题课的教学设计也需要教师在准确分析命题内涵特征和学情的基础上,在教学目标的设定、教学过程的设计、课后作业的设计等方面着力,且教学设计从整体上要体现数学命题的发现、证明和应用过程。

(一) 教学目标的设定

设定适切的教学目标是数学命题课教学成功的重要保障,只有确定好教学目标,教学内容的选择和教学过程的组织才能有的放矢。在中学数学命题教学中,教师需要深入理解命题的本质及其结构特征,然后从知识的产生、发展、演变等角度分解出学习目标,并力求在数学知识的教学过程中对学生数学思想方法的发展、人格品质的塑造、数学情感的培养、合作与交流等方面产生影响。例如,在"勾股定理"第一课时的教学中,教师需要让学生了解赵爽弦图的文化背景,学会勾股定理的文字语言表达、图形表达、符号表达等多种表达方式,以及经历勾股定理的发现和推演过程。因此,这一课时的教学目标可以设定为:学生会用文字语言、图形、符号等多种方式表达勾股定理;在拼图与剪图、测量与计算的活动中,经历发现勾股定理的过程,会利用图形的面积找等量关系以推演勾股定理,初步体会面积在勾股定理推演过程中的重要性;在了解赵爽弦图的文化背景中提升民族自豪感,在小组合作学习中提高合作交流能力[③]。

需要指出的是,教学目标的确定可以基于对学科逻辑,课程标准中的课程目标、相关课

---

① 喻平. CPFS 结构与数学命题教学[J]. 教育研究与评论(中学教育教学),2016(2):5—10.
② 郭玉峰,刘春艳,程国红. 数学学习论[M]. 北京:北京师范大学出版社,2015:248.
③ 曹一鸣. 新版课程标准解析与教学指导(2022 年版):初中数学[M]. 北京:北京师范大学出版社,2022:140.

程内容要求、学业要求和教学提示，以及教材中的相关内容编排等的分析，其中对教学目标的认知要求还需要进一步结合教学所面对的具体对象。因此，教师需要基于对课程标准的解读、对教材的分析以及对教学对象的知识基础、思维特征、学习习惯等方面的分析，合理设计教学目标。

（二）课堂教学过程的设计

在设定好教学目标之后，教学重难点也会随之得到确定。例如，在确定好"勾股定理"第一课时的教学目标之后，随之可以确定相应的教学重点为勾股定理的发现，教学难点为勾股定理的推演。明确了教学目标和教学重难点之后，依据教学目标和重难点设计教学过程是教学设计的核心，会对后续具体的教学实施产生重要影响。在数学命题教学中，学生对数学命题的理解、证明与应用是关键。教师需要深入理解数学命题与学生已有生活经验、已有数学知识基础之间的关系，在此基础上确定采用何种学习形式提取数学命题，主要包括：数学命题的发现学习和数学命题的接受学习。

采用何种学习形式实施数学命题教学，会影响教师课堂导入方式的选择，但是不管教师选择何种形式，可采取的导入方式都并不唯一。教师可根据数学命题的本质和结构特征、学生已有的知识基础和经验，以及自身的教学风格等灵活选择。特别地，职前数学教师可以通过不断实践，找到适合自己和相应数学命题的导入方式。

数学命题提出后，教师需要引导并启发学生分析、证明数学命题，帮助学生厘清数学命题的内涵特征，在理解的基础上准确应用命题。在此过程中，教师应合理设计教学活动任务，让学生在自主探究、合作交流中体验命题的发现和形成过程，感悟数学思想方法，积累基本活动经验，丰富和完善自身的认知结构，这也是数学命题学习的本质。具体可以做好以下几方面的工作。

首先，教师要明确教学过程各环节的设计意图。具体来说，既要从整体上构思整个教学过程，也要从局部各个教学环节着手落实教学目标，明确已制定好的教学目标需要通过哪几个教学环节来实现，每个环节分别要实现的目标是什么。

其次，教师要选择有针对性的巩固练习题目。巩固练习往往是数学命题教学的一个重要组成部分，它既可以检验学生是否已将所学的数学命题纳入到原有的认知结构中，还可以巩固和深化学生对数学命题的理解。巩固练习题的选择要基于教学目标，题目要具有一定的针对性和层次性，不宜过于复杂，不宜难度过大，也不宜数量过多，要重在帮助学生理解和掌握数学命题。

再者，教师要善于运用变式帮助学生理解数学命题。数学命题的理解离不开通过观察、分析、比较等手段弄清命题的条件和结论，教师在教学设计时可以考虑通过设置变式来帮助学生深化理解数学命题的适用条件和范围。例如，在学习"平行线分线段成比例定理"时，教师可选择不同的图形变式，让学生在观察中认识定理中提到的"截得的线段"，加深学生对命题的理解。

最后,教师要引导学生做好课堂小结。数学命题课一般会设置课堂小结这一环节,以帮助学生对本节课的主要内容和重点内容有整体的把握。数学命题教学的小结,主要针对命题的内容、表达式、证明的思路与方法等进行强调,重在帮助学生理解命题。如果时间允许,教师可通过提问,让学生自主总结,教师再补充,也可以在总结阶段告诉学生学习的数学命题在后续学习中的应用。此外,课堂小结内容往往与板书相结合,这就要求教师在教学设计阶段做好板书的规划并在教学过程中注意板书的呈现。

(三)课后作业设计

中学数学命题课教学完成后往往需要安排一些课后作业来检验课堂学习效果。数学命题课的课后作业,教师应基于教学目标、学生原有的学习情况,以及课堂上实际的教学实施效果,有目的、有计划、有选择地布置,作业内容要紧扣对数学命题的理解和应用。总的来说,课后作业要能充分体现教学目标、教学内容和教学评价的一致性。此外,教师在设计作业时要确定好将以何种方式批改和反馈作业,这也是课后作业设计的组成部分。

二、中学数学命题课的教学模式

数学命题学习以数学概念学习为前提,数学命题课教学与数学概念课教学有较多共性,但因数学命题与数学概念之间又存在一定的差异,为此数学命题课教学也存在着自身的独特性,并已形成一些常用的数学命题教学模式。喻平认为数学命题教学的常见模式主要包括发生型模式、结果型模式、问题解决型模式①。接下来对这三种模式进行阐述和分析。

(一)数学命题教学的常见模式类型

1. 发生型模式

命题教学的发生型模式,以布鲁纳、萨奇曼、兰本达的发现—探究学习理论、情境认知学习理论为理论基础。教学过程一般包括创设问题情境、归纳命题、命题证明、命题应用、形成命题域和命题系等五个阶段。

2. 结果型模式

命题教学的结果型模式,以奥苏伯尔的有意义接受学习理论、加涅的累加学习理论为理论基础。教学过程一般包括展示命题、命题的解释与证明、命题应用、形成命题域和命题系等四个阶段。

3. 问题解决模式

命题教学的问题解决模式,以杜威的实用主义教学思想、情境认知理论、问题解决教学

---

① 喻平.数学教学心理学[M].北京:北京师范大学出版社,2010:258—273.

思想为理论基础。教学过程一般包括创设问题情境、引入命题、命题证明、命题应用、形成命题域和命题系等五个阶段,具体如图 6-1 所示。其中,命题的引入既可以从问题情境直接引入,也可以在对现实世界中的问题进行数学建模的基础上引入。

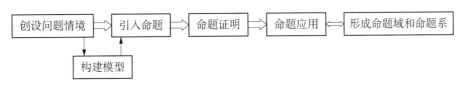

图 6-1　命题教学的问题解决模式

(二) 数学命题教学常用模式分析

对于发生型模式、结果型模式、问题解决模式这三种命题教学模式,其教学过程的后三个阶段均相同,而不同之处主要在于命题提出的方式不同。发生型模式和问题解决模式的命题教学对应着命题的发现学习形式;结果型模式对应着命题的接受学习形式。

1. 命题提出

发现并提出命题是数学命题教学的关键,在数学命题教学中,数学命题的提出方式并不是固定的,一般可以考虑:(1)直接展示命题;(2)基于现实问题提出命题;(3)基于观察实验提出命题;(4)基于问题探究提出命题;(5)基于实践操作提出命题。不过,徐章韬等人指出,从情境中引出命题,并在实践中检验命题才是完整的数学命题教学流程[①]。

其中,在结果型模式下的数学命题教学中教师会以直接展示命题的方式提出命题。教师先直接展示命题,然后通过启发式提问、小组讨论等手段,引导学生理解命题,建构知识。发生型模式和问题解决模式都是通过创设情境引发问题进而引入命题。在问题解决模式下,教师往往需要分配更多的时间引入命题。此外,针对创设的问题情境,教师需要引导学生通过观察、感知、体验、探索、抽象、概括等方式,粗略地归纳出命题,然后在此基础上进行补充或严谨化,最终形成命题。

2. 命题证明

通过命题证明可以加深学生对数学思想方法的理解和运用,培养学生的推理能力。在证明数学命题的过程中,教师需要对证明的思路与方法乃至证明中所需要使用的一些技巧进行分析、总结和提炼,并清晰地呈现证明过程。

首先,需要明确数学命题证明的思路。在探寻数学命题的证明思路时,要让学生先从记忆中提取与命题有关的概念、定理、公式等,弄清楚命题的条件和结论分别是什么,继而探索命题证明的途径,提出假设,然后通过分析探索出从条件到结论的思路。

① 徐章韬,陈林.数学命题的认识及其课堂教学设计[J].课程·教材·教法,2014,34(11):81—85.

其次,需要强调数学命题证明步骤的规范性。有了命题证明的思路只是有了证明的方向,并不表示已经正确地证明了命题,而具体的证明步骤才是检验思路是否正确的路径。学生不仅需要学会命题证明的逻辑表达,还需要学会调整和完善推理证明的程序。强调命题证明的规范性可以促使学生养成对证明步骤进行修正补充的严谨习惯。

最后,需要揭示数学命题证明的价值。数学命题的产生本身就包含一定的思想和方法,学生在学习数学命题证明的过程中领悟数学思想方法比掌握数学命题本身这个结论更有价值。教师在进行相应的教学设计时,需要思考在命题证明的过程中蕴含着哪些数学思想方法以及如何渗透,这是发展学生数学能力、提高学生数学素养的重要机会。

3. 命题应用

命题应用是数学命题教学的一个重要目标和归宿,主要是基于命题进行解题,这一阶段往往伴随着对相关的例题、习题进行分析和解答。鉴于学生在初学一些定理、公式等数学命题时往往会忽略命题成立的条件和使用范围,因此,教师在命题教学的这一阶段需要多花一些时间用于引导学生分清命题中的条件、结论以及命题的适用范围,并注意命题的用法和变式,除了要在例题中体现命题正向应用的基本类型,还要注意掌握命题的逆向应用、变形应用,以提高学生的分辨能力,强化学生对命题的理解。

4. 命题升华

命题升华主要是指在命题证明和应用的基础上,进一步强化学生对命题的理解,建立命题内容与其他知识点的引申和拓展,让学生逐步形成命题域和命题系,这是数学命题教学的"形成命题域和命题系"阶段。

总体而言,对于发生型模式下的命题教学,教师需要向学生提供系列实例、素材和多媒体教学辅助设备等帮助学生引出数学命题。对于结果型模式下的命题教学,教师需要避免向学生机械地讲授,整个教学要有学生的积极参与,以便让学生更好地掌握所学数学命题。对于问题解决模式下的命题教学,教师要注意对现实中的生活问题或学生之前学过的数学命题的转化,让学生经历提出猜想、反驳、修改猜想、证明猜想等一系列过程。此外,在命题的证明和应用过程中,教师要尽可能为学生指明探索发现的方向,对学生讨论交流的内容与规则要有明确的要求,还要适当考虑借助多媒体等演示方式向学生呈现知识发生、发展的过程。

三、中学数学命题课案例与评析

数学命题具有自身的特点,个体形成命题域与命题系是数学命题学习的主要特征。"图形与几何"是中学数学的核心内容领域之一,本部分以该内容领域中的"三角形中位线"的教学案例[①]为例,通过内容分析、教学过程片段、教学评析等展示并分析教师在中学数学命题课

[①] 本案例由北京市陈经纶中学嘉铭分校郭凯路老师提供,引用中略有调整。

中的教学思路和教学实施情况。

学段	初中	学科	数学	年级	八年级
教学课题	三角形中位线				

教学内容	"三角形中位线"是人教版《数学》八年级下册第十八章平行四边形的判定第 3 课时的内容,属于数学四大内容领域之一的"图形与几何"领域。
	  三角形中位线是继三角形的角平分线、中线、高线之后的第四种重要线段,是中点问题在三角形中的延伸。它是平行四边形性质、判定之后的一个推论,结论含有两条线段的位置关系与数量关系,是有关三角形、四边形的证明以及计算的重要定理。对三角形中位线的研究,体现了三角形、四边形相关知识系统的统一性;中位线定理的证明涉及很多数学思考与思想方法,其数学学科的内涵价值高,为学生提高分析问题、解决问题的能力提供了丰富的素材。三角形中位线的学习一方面为借助矩形探究"直角三角形斜边上的中线是斜边的一半"这一定理积累了利用平行四边形解决问题的思维方法,另一方面也为相似三角形的学习奠定了基础。
	  由于三角形中位线定理的证明需要用到平行四边形的相关性质和判定,因此教材将此内容编排在学习了平行四边形之后。此外,由于科学家们在证明三角形中位线定理的方法上各有见解,既有传承又有创新,因此本节课具有重要的历史价值和教育价值。				

学情分析	**一、课堂前测** （一）课堂前测时间安排 测试时间为 20 分钟,在课堂实施的前一天自习课上进行,不占用课堂时间。 课堂前测人数:30 人。 （二）课堂前测目的 1. 了解学生是否能灵活运用平行四边形的性质定理和判定定理解决问题,旨在考查学生的逻辑推理能力; 2. 了解学生是否能根据题目条件创造平行四边形解决问题,旨在考查学生的创造能力。 （三）课堂前测试题及各题设计意图 1. 如图,在平行四边形 $ABCD$ 中,AE、CF 分别平分 $\angle DAB$、$\angle BCD$,求证:四边形 $AECF$ 是平行四边形。				

（续表）

【设计意图】了解学生是否能利用平行四边形的定义判断四边形是平行四边形。

2. 如图,在平行四边形 $ABCD$ 中,点 M、N 在对角线 AC 上,且 $AM = CN$,求证:四边形 $BMDN$ 是平行四边形。

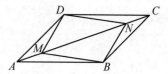

【设计意图】了解学生是否能通过适当添加辅助线,利用对角线互相平分的判定定理解决问题。

3. 如图,$AB = CD$,$AE = CF$,$EF = AC = BD$,求证:$BD \parallel EF$。

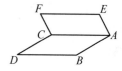

【设计意图】一方面利用两组对边分别相等的四边形是平行四边形这一判定定理判断四边形 $ABDC$ 是平行四边形;另一方面利用平行四边形两组对边分别平行这一性质定理判断两条线段平行。考查学生综合运用平行四边形的性质定理和判定定理解决问题的能力。

4. 如图,AD 为 $\angle BAC$ 的角平分线,$DE \parallel AB$,在 AB 上截取 $BF = AE$,试猜想 EF 与 BD 的关系,并证明你的结论。

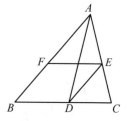

【设计意图】了解学生是否能想到通过构造平行四边形直接得出两条线段的位置和数量关系。

5. 如图,在三角形 ABC 中,D 是 AB 的中点,E 是 AC 上一点,$EF \parallel AB$,$DF \parallel BE$,求证:AE 与 DF 互相平分。

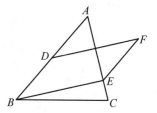

【设计意图】了解学生在看到要证明的结论时是否能联想到通过构造平行四边形,利用平行四边形对角线互相平分的性质来解决问题。

（续表）

6. 如图，AD、BC 互相垂直且相交于点 O，$AB \parallel CD$，又 $BC = 6$，$AD = 8$，求 $AB +$ CD 的长。

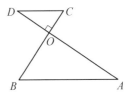

【设计意图】一方面了解学生看到所要求的结论时是否能想到通过补短解决问题，另一方面了解学生是否能通过构造平行四边形补短的形式解决问题。

二、测试结果数据分析

题号	回答正确		答题过程分析
	人数	百分比	
1	27	90%	本题大部分同学能做对，其中有 13 人是利用三角形全等解决问题，有 14 人是利用平行四边形的性质解决问题。
2	29	97%	本题多数同学都能想到利用对角线解决问题，但是仍有 6 位同学利用三角形全等解决问题。
3	28	93%	本题多数同学都能想到通过平行四边形的定义得到对边平行，进而利用直线平行的传递性解决问题，但是仍有 2 位同学利用三角形全等解决问题。
4	20	67%	本题是判断两条线段之间的关系，包括位置关系和数量关系。有 1 位同学只求出了位置关系，没有写数量关系；有 2 位同学写出了数量关系，没有写位置关系。
5	20	67%	本题回答正确的 20 人中，有 50% 的人是利用三角形全等解决问题，有 50% 的人是添加辅助线构造平行四边形解决问题。
6	6	20%	本题从学生的解答过程中看到，只要辅助线添加正确的，都做对了。在解答错误的同学中，有 8 位同学有添加辅助线的痕迹，但是从痕迹上可以看出思考方向有误，有 1 位同学根据 6 和 8 猜测出了 10，但是没有解答过程，还有 1 位同学自己画出了一个直角三角形，给出了三边长分别为 6、8、10 的结论。

三、前测结果评价与分析

根据前测结果可以看出，本班学生基本能运用平行四边形的性质定理和判定定理解决问题，但是在解决的过程中思维不够灵活，总是容易陷在全等的想法里。从学生的证明过程中可以看出，有部分学生看到需要线段相等就想到利用三角形全等得到对应的边相等或角相等，再利用角相等推导线段平行，这部分学生的思考方向已呈模式化。除此之外，从学生的解答过程中还可以看出,学生们的联想力和创造力有些弱,当看到已知条件或者结论时不能够联想到通过构造平行四边形来解决问题。

根据测试结果,确定本节课的教学**重点**是:在培养学生思维灵活度的基础上加强学生建立知识间的联系,并能够根据所需创造条件解决问题的能力;教学**难点**是:构造平行四边形解决问题。

四、本班学生特点

1. 课堂上比较活跃,但是思考方式比较单一;

2. 通过添加辅助线创造条件解决问题的能力弱;

3. 小组间的合作比较融洽。

教学目标	1. 能识别出三角形中位线,知道三角形中位线和中线的区别。 2. 能说出三角形中位线定理的题设和结论,并能用符号语言表示三角形中位线定理。 3. 经历探索三角形中位线定理的过程,并能证明三角形中位线定理,体会转化思想,发展合情推理能力和演绎推理能力。 4. 会用三角形中位线定理解决相关数学问题和实际问题。 **教学目标的落脚点:会看、会说、会辨,会应用。**
教学重点	通过构造平行四边形证明三角形中位线定理的**思想方法**。
教学难点	添加辅助线**构造**平行四边形**建立**证明三角形中位线的**解题思路**。

	活动内容	活动意图
教学活动设计	**一、回顾旧知,引入新知** **导言**:通过之前的学习,我们知道三角形中重要的线段有:三角形的中线、角平分线和高。如果我们从运动的视角来看,那么这三条线段就是点 E 在线段 AB 上移动到三个特殊的位置时得到的。 **师生活动**:教师通过几何画板教学软件演示点 E 在线段 AB 上移动到三个特殊位置时,对应的三条重要线段。 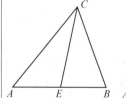 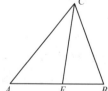 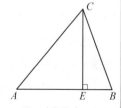	让学生从已有的知识经验(三角形的中线、角平分线、高)着手,通过点动到线动的操作,变静态回忆为动态观察,探究"变中之特殊",从中感知到三角形中另有特殊的线段,从而引出三角形中位线的定义。

（续表）

活动内容	活动意图
▲**问题** 1：当点 E 在 AB 中点时，有一点 F 在 CB 上从点 C 开始移动到点 B，连接 EF，请同学们观察点 F 是否有一个特殊的位置？ 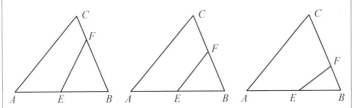 在动态演示的过程中，学生不难发现：当点 F 在线段 BC 的中点时，该点处在一个特殊的位置，且对应着一条特殊的线段。在这一过程中，学生们通过观察引出了本节课要研究的课题——三角形的中位线。 **师**：若点 E 为 AB 的中点，点 F 为 BC 的中点，则线段 EF 为三角形的中位线。 **归纳定义**：连接三角形两边中点的线段叫作三角形的中位线。 **追问** 1：三角形中位线中的"中""位""线"三个字，你怎么理解？ **追问** 2：一个三角形有几条中位线，请你画出三角形 ABC 中所有的中位线。 **追问** 3：三角形的中位线和中线有什么异同？ 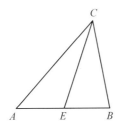 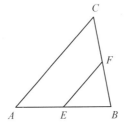	
二、动手操作，获得猜想 ▲**问题** 2：如何研究三角形中位线具有的性质？ **追问** 1：研究一条线段的性质，主要研究它的什么特征？ 预设学生答案：位置和数量。 **追问** 2：请你任意画一个三角形，并画出它的一条中位线，探究它的位置和数量有什么样的特征。	引导学生从位置与数量两方面研究几何图形，同时学生回忆研究几何对象的方法，学会提出问题，研究学习策略，增强学习的主动性。

(续表)

活动内容	活动意图
师生活动 1:学生先独立探究,再小组合作。教师巡视,了解学生的活动情况。 **师生活动 2:**利用几何画板的动态演示功能改变三角形的形状,引导学生得到猜想。 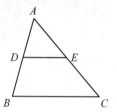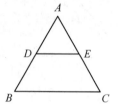 **追问 3:**如何证明你的猜想? **追问 4:**请写出已知和求证,并证明你的结论。 已知:如图,在△ABC中,点 D、E 分别是 AB、AC 的中点。 求证:$DE = \dfrac{1}{2}BC$,$DE \parallel BC$。 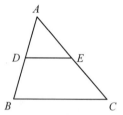	引导学生通过已有的知识经验和思维方式,构建思维结构:操作—发现—猜想—验证。
三、验证猜想,得到性质 **说明:**建构证明方法是本节课的难点,此处用逆向思维引领学生思考,利用化归思想方法建立解决问题的思路。为突破难点,在此处设置多个问题串引导学生建立解决问题的思路。 ▲**问题 1:**如何证明两条线段之间的不等关系? 预设答案:截长补短。 ▲**问题 2:**如何证明线段之间的平行关系? 预设答案:平行线判定定理。 **追问:**证明两条线段的平行关系还有其他的方法吗? ▲**问题 3:**已知告诉你什么了? 预设答案:两个中点。 **追问 1:**看到中点你想到了什么?	从结论出发,先让学生联想有什么样的方法可以证明两条线段之间的不等关系以及平行关系,然后验证在此题中这些方法是否可行。 追问的目的是让学生联想到平行四边形的

（续表）

活动内容	活动意图
预设答案:倍长中线。 **追问2**:请同学们观察图形中是否有隐藏的中线存在? 预设答案:DE 既是 $\triangle ACD$ 的中线,也是 $\triangle ABE$ 的中线。 **教师活动**:以 DE 是 $\triangle ACD$ 的中线为例,连接 CD。 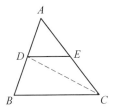 **追问3**:可以利用倍长中线的方法解决问题吗? 预设答案:可以,倍长线段 DE。 **教师活动**:在黑板画出倍长 DE 的线段,得到 EF。 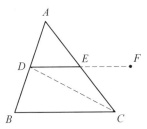 **追问4**:然后呢? 预设答案:连接 CF。 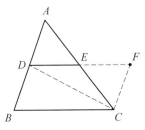 **追问5**:你可以得到什么结论? 预设答案1: $\triangle ADE \cong \triangle CFE$。 预设答案2:再连结 AF 可得四边形 $ADCF$ 是平行四边形。 **说明**:如果有同学通过全等三角形得 $AD = CF$,并通过角相等得 $AD \parallel CF$,那么就顺应学生的思路,得到四边形 $ADCF$ 是平行四边形,再引导他们通过对角线互相平分得到相应的结论。	定义,也可以利用平行四边形的相关知识得到两条线段平行。 此处所有问题的作用是为学生搭桥,教师通过引导,学生自然地想到并建立解决问题的思路。 有些学生的第一反应是三角形全等,但是也不能排除存在学生能够直接发现平行四边形。 这些问题的目的是让学生学会分析已知条件和结论,并联想到自己的解题经验,从已知条件出发开始进行演绎推理,自然地生成结论。

（续表）

活动内容	活动意图
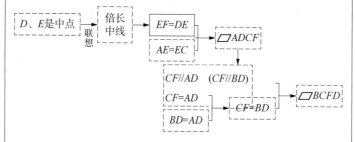 给学生展示思路建构图,渗透化归思想。	

追问 6:四边形 $ADCF$ 是平行四边形,可以推出什么?

预设答案: AD 平行且等于 CF。

追问 7:点 D 是什么?

预设答案: AB 的中点。

追问 8:又可以推出什么结论?

预设答案:四边形 $BCFD$ 是平行四边形。

归纳总结解题方法:

师生活动:书写证明过程。

证明:延长 DE 至点 F,使 $DE = EF$,连接 EF、CF、CD、AF。

$\because AE = EC$, $DE = EF$,

$\therefore$ 四边形 $ADCF$ 是平行四边形, $CF \parallel DA$, $CF = DA$,

$\therefore CF \parallel BD$, $CF = BD$,

$\therefore$ 四边形 $DBCF$ 是平行四边形, $DF \parallel BC$, $DF = BC$。

又 $DE = \dfrac{1}{2} DF$,

$\therefore DE \parallel BC$,且 $DE = \dfrac{1}{2} BC$。

归纳总结:

三角形中位线定理:三角形中位线平行于第三边并且等于第三边的一半。

符号语言:

让学生明确添辅助线的目的是构造平行四边形,如此引出解决三角形问题的方法——构造平行四边形。

我们知道只要两个三角形全等就可以得边相等,得角相等,通过角

（续表）

活动内容	活动意图
∵点 D、E 分别是 AB、AC 的中点， ∴ $DE = \dfrac{1}{2}BC$，$DE \mathbin{/\mkern-4mu/} BC$。 ▲**问题4**:回顾建立解决问题的思路,添辅助线的目的是什么? 预设答案:得到平行四边形 $BCFD$。 ▲**问题5**:可以改变辅助线的作法,达到解决问题的目的吗? 预设答案:可以通过作平行线得到平行四边形。 ▲**问题6**:还有其他添辅助线的方法来解决问题吗? **学生活动**:小组讨论,并展示探索思路。 说明:在真实的课堂上可灵活把控,如果时间紧张,此问题可作为课下思考题,待下一节上课时,让小组进行讨论并展示成果。	相等推出平行,为此通过改变辅助线的作法,可以达到一样的目的。此处设计意图是培养学生的思维灵活度。
四、课堂小结 **1. 回顾三角形中位线定理的证明过程,渗透数学思想方法** 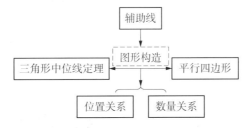 **2. 完善平行四边形的数学认知结构** 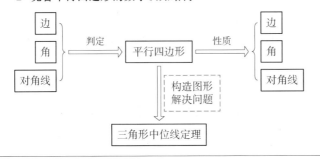	让学生们复述三角形中位线定理证明方法的探究过程,培养学生分析问题的能力,并通过化归的思想方法渗透构造平行四边形解决三角形问题的思路。 在学习的过程中不断完善学生的认知结构,有助于学生掌握知识之间的衔接,增强关联思考问题的能力。
五、拓展延伸(课后阅读) 请同学们搜索并阅读刘徽的"出入相补"原理,思考三角形中位线定理的其他证明方法。	培养学生的阅读理解能力,同时检测学生是否能够利用"出入相补"原理找到更多的证明方法,并在下节课中展示成果,激发学生的学习兴趣和积极性。

（续表）

教学 反思	本节课的教学过程中融入了类比、化归等数学思想方法,在引导过程中需要用到很多问题串,为此难免存在一些学生思路跟不上,怎么让不同层次的学生在解决问题的思路建构中尽量多地获得思想方法是接下来要思考的问题。 如何在课后检测学生是否获得了解决问题的思想方法,获得了多少,对解题思想方法的评价是接下来要研究的问题。
评析	**1. 命题教学契合学生学习心理过程** 本节课首先基于学生的已有知识和经验,借助几何画板的动态演示,化抽象为直观具体,引入中位线的定义;然后在教师引导下,学生自主探索、合作探究,概括生成中位线定理,并探索定理的证明。总体来看,本节课充分发挥了学生在学习中的主体作用,"问题提出—自主探究—尝试证明—归纳总结—拓展提升"的学习探究过程契合学生学习命题的心理过程。 **2. 注重信息技术与课堂教学的深度融合** 本节课的一个突出特点是注重信息技术与数学课堂教学的深度融合,利用现代信息技术及工具,为学生创建了一个良好的学习探究情境。借助几何画板实现图形的变换,帮助学生发现问题的规律、找出解决的办法,激发学生数学学习的兴趣,引导学生渐入佳境。

第三节　中学数学命题课教学技能的提高

数学命题课教学技能是数学教学技能的一个重要组成部分。要提高数学命题课教学技能,需要教师在专业知识、教学实践层面不断积累丰富经验,提高数学命题课的教学设计和实施能力。

一、数学命题教学知识的积累:命题本质理解与教学知识掌握

教师开展数学命题课教学既需要具备相应的数学学科专业知识,还需要具备相应的学科教学知识,即解构数学命题所需要的学科知识,以及有效设计和实施数学命题教学所需要的知识。教师自身对数学命题的理解程度,对具体数学命题的教学论分析与教学法分析等都会影响甚至决定数学命题教学的水平。

教师在备课阶段,需要通过阅读相关文献、解读课程标准、分析教材内容等手段,树立起对命题的整体结构观,在一个体系中认识命题,深化对数学命题的理解。例如,对数学命题引入的必要性、数学命题的本质、数学命题的作用,数学命题的产生过程、数学命题的证明过程等的深入理解。教师只有具备了一定的数学学科专业知识,才能在数学命题教学中引导

学生关注数学命题的本质和结构特征,从不同的角度对命题进行诠释,对一个命题的多种证明方法进行充分挖掘,更好地去经历命题的产生过程,厘清知识之间的关系,强化对数学命题本质的理解和应用。因此,教师要不断丰富自身的数学专业知识,对于数学命题,不仅要知道它的条件和结论是什么,还可以从数学史、形式逻辑、数学教育心理学等角度去挖掘和理解,弄清楚数学命题相关知识产生的背景,了解数学命题的形成过程和应用去向,即要厘清"命题是怎么来的""命题是什么""命题可以怎么用"这一完整链条,这是命题教学推进的基础和保障。

教师除了需要具备与数学命题相关的数学学科专业知识,还需要掌握与数学命题教学相关的教育教学知识,以便更有针对性地选择教学内容、更好地组织数学命题的教学。教师的教育教学知识积累既与教师的教学经验有关,也与教师的教学投入程度有关。因此,教师为提高自身的数学命题教学知识,需要在数学命题教学过程中不断思考,并结合文献中提到的原理和方法进行整合组织,不断丰富教学知识,进而以点带面形成网状的专业知识体系。

一言以蔽之,中学数学教师提高数学命题课教学技能的首要任务是:丰富数学命题教学所需要的学科专业知识和教学知识。

二、数学命题教学对象的认识:对学习主体的充分认识和调动

学生是课堂学习的主体,数学命题课的教学需要充分考虑学生的认知基础、心理发展规律和数学学习特点。鉴于新的数学命题的学习总是要通过与原有的知识相互作用从而转化为主体的认知结构,对于中学生而言,无论是代数命题的学习,还是几何命题的学习,都需要将学习的命题与自己已有的认知结构建立起联系,即需要有意义地学习[①]。因此,在数学命题教学中,教师要充分认识学生,关注学生头脑中已有的认知基础和经验,制定教学目标,然后选取贴近学生实际生活,又能够吸引学生的情境作为引入命题的情境素材,激发学生的学习动机,调动学生的学习兴趣,通过有效的问题引起学生强烈的内在期望和认知需求,引导学生参与命题的证明过程,用文字语言、图形语言、符号语言等不同类型的数学语言来表征同一个数学对象,深化学生对数学命题的深层理解,并要求学生在不同的情境中能够迅速提取合适的命题加以应用。

三、数学命题教学范例的观摩:对优质教学课例的观摩与反思

教师的教学设计能力,在教学实施过程中的课堂教学组织、信息技术运用、语言表达等能力都会影响教学实施的效果。因此,教师需要通过一些途径提高自身的教学设计和实施能力。

对优质数学命题教学课例的观摩学习是教师提高自身教学实践能力的一个重要途径。

---

① 郭玉峰,刘春艳,程国红.数学学习论[M].北京:北京师范大学出版社,2015:276.

教师可以通过观摩学习优质课例,关注教学设计是如何构思和规范撰写的,教学实施过程中的教师语言表达、教学组织、教育技术运用、板书等方面是如何呈现的,教师需要积极总结提炼其中的典型经验。例如,观察启发性语言和引导性语言如何自然给出,并加以借鉴使用,还可以通过与教学经验丰富的同行教师的交流反思获得建议等。

四、数学命题教学经验的积累:对数学命题教学的实践与反思

教师教学设计与实施能力的提升离不开实践训练和反思,尤其是精心准备后的训练与反思。教师自身的实践训练是提高教学设计与实践能力的一个重要途径。职前教师和新手教师可以结合观摩学习的内容,先进行适当的模仿,然后在日常的数学命题教学中不断尝试和实践自己的所思所想,持续优化自己的语言表达、教学方法和教学手段,掌握不同类型的数学命题课的教学要领,逐步形成自己的命题课教学风格。

此外,教师还可以通过阅读相关的教研文献丰富自身的专业知识,提高自身专业能力。其中,教研文献大多是一线教师开展数学命题教学后的心得体会,或者是教师对数学命题本身的分析。阅读这类文献,从某种程度上讲是站在他人的肩膀上促进自身更好地开展数学命题教学。当然,如果教师能够结合自身的教学实践或学习体验尝试撰写教研论文,哪怕是反思日志,对教师的专业发展也有很大的促进作用,能促进中学数学教师更有效地开展数学命题教学。

总的来说,文献学习、观摩学习、实践训练与反思等是中学数学教师提高自身教学设计与实践能力的重要途径。

=== 思考与练习 ===

1. 请简述中学数学命题课教学设计的要领。
2. 请设计一个中学数学命题教学的案例,要求体现获得数学命题的过程。

中学数学复习课教学技能的认识与提高

复习课是中学数学教学中较为常见的重要课型之一。强化中学数学教师对数学复习课的认识，提升数学复习课的教学设计与实施能力，是修炼教学实践技能的一个重要组成部分。本章将介绍数学复习课的内涵特征、类型作用以及常用教学策略，并结合具体案例探讨如何设计并实施数学复习课，最后在此基础上提出教师提高中学数学复习课教学技能的若干建议。

第一节　中学数学复习课的认识

认识数学复习课的内涵特征、类型作用以及中学数学复习课的常用教学策略，可以为中学数学复习课的具体设计与实施明确方向，也可以为中学数学教师提升复习课教学设计与实践技能奠定基础。

一、中学数学复习课的内涵与特征

夸美纽斯认为，复习课是指一个单元或者一个学段教学结束后，对所学知识进行系统复习整理的课型①。从数学教学实施过程看，数学复习课是在新授课和习题课开展到一定阶段后所进行的课程，既可包含数学基础知识和基本技能的复习讲解，如借助事先准备好的复习提纲或者有部分空缺的框图，通过教师引导帮助学生梳理归纳所学知识，也可包含数学习题的训练，如精心设计与知识点相关的练习题，学生在练习中学习，教师讲解和学生练习穿插进行。从数学教学实施效果看，复习课可以帮助学生提炼升华新授课阶段所学知识，促进学生对知识的系统化理解。但不同复习课的侧重点是不同的，若是单元复习课或期中复习课，应以阶段性的整理和归纳为主，若是期末或学段结束的复习课，应对所讲知识进行系统化的梳理，建立知识结构，再配合适当习题进行练习②。总的来说，不同研究者、不同视角下关于复习课的定义不尽相同，但系统复习、梳理归纳、总结提炼等是数学复习课的主要特征。

---

① 夸美纽斯.大教学论·教学法解析[M].任钟印，译.北京:人民教育出版社,2006:147.
② 吴立宝.中学数学教学设计[M].北京:清华大学出版社,2021:110.

二、中学数学复习课的类型与作用

（一）中学数学复习课的类型

依据不同的标准，复习课有不同的分类方式。目前有按课程性质对复习课进行划分的，有按学习阶段进行划分的，有按复习课的教学目的进行划分的，有按复习课的授课动机进行划分的，还有按复习课的授课方式进行划分的。例如，吴亚萍等根据复习课教学的过程结构将复习课分为知识拓展深化性的复习课、知识梳理性的复习课、专题技能形成性的复习课等①。黄小燕等人根据复习课的不同教学目的将复习课分为单元复习课、阶段复习课、专题复习课、总复习课等②。毛飞飞等人根据复习课教学的阶段性将复习课分为章节复习课、单元复习课、学期复习课、学段复习课等③。

不同类型的复习课设计有不同的教学目的。章节复习课主要是针对刚刚学过的某一具体章节的内容进行回顾总结，侧重于采取归纳总结的方式，串联已学的相关知识，比较注重知识技能的综合拓展、数学思想方法的运用和问题解决经验的积累。专题复习课往往是为了将不同阶段学习的相关联的内容（如，关联性强的知识点、数学技能、数学思想方法、数学核心素养表现等）串联起来，以实现知识的结构化。期中考试、期末考试、中高考等考试前安排的考前复习课主要是为考试做准备，复习往往也会更系统。不管复习课有何种具体目的，复习本身所能带来的巩固旧知、承前启后等作用是数学复习课必须落实的。

（二）中学数学复习课的作用

复习课的内涵与特征反映出数学复习课教学能帮助学生系统地理解所学的数学知识，夯实基础，完善已有的知识体系；也能够帮助学生加强知识的联系与综合，强化关联，提高学生的数学能力。数学复习课是形成和发展学生核心素养的重要课型之一。

1. 夯实基础，完善学生的数学认知结构

《义务教育数学课程标准（2022 年版）》中明确指出："学生通过数学课程的学习，掌握适应现代生活及进一步学习必备的基础知识和基本技能、基本思想和基本活动经验。"④《普通高中数学课程标准（2017 年版 2020 年修订）》中也明确指出："通过高中数学课程的学习，学生能获得进一步学习以及未来发展所必需的数学基础知识、基本技能、基本思想、基本活动经验（简称'四基'）。"⑤可见，获得"四基"是中学数学学习的一个重要目标。中学数学学习中

① 吴亚萍.中小学数学教学课型研究[M].福州：福建教育出版社，2014：401—407.
② 黄小燕.核心素养导向的初中数学复习课教学策略[J].广西教育学院学报，2017(04)：168—173.
③ 毛飞飞.管窥初中数学复习课类型与学习任务的适配性——关于复习课教学有效性的若干思考[J].中国数学教育，2011(11)：9—11.
④ 中华人民共和国教育部.义务教育数学课程标准（2022 年版）[M].北京：北京师范大学出版社，2022：1.
⑤ 中华人民共和国教育部.普通高中数学课程标准（2017 年版 2020 年修订）[M].北京：人民教育出版社，2020：8.

的概念、定理、公式本身及其内容所反映的数学思想方法等往往分散在不同的学习单元或学习阶段,但彼此之间又有着必然的结构关系,通过复习,可以按照内在逻辑联系对它们进行整理,并用框图、表格等方式表示出来,这样可以使得学生对所学知识形成结构化的认知,将头脑中的数学知识系统化、结构化,促进学生的知识理解,进而形成良好的数学认知结构。需要指出的是,完善学生的数学认知结构,教师需要遵循教学原则,精心设计复习课,并在教学实施过程中对学生进行有效的引导。

2. 强化关联,发展学生的核心素养

鉴于复习课涉及的知识都是学生已经学习过的,学生对复习的知识点都已有所了解,而且复习课上的内容往往比新授课多,这就意味着复习课教学重在巩固和强化知识,需要教师引导学生将注意力集中在数学核心概念和基本思想方法上,通过复习提炼相应的核心概念和思想方法体系,并进行系统整理,强化知识的联系与综合。这一过程一般需要经历难度逐渐加大的三个阶段:其一,要打破知识点之间的割裂认识,寻找知识点间的结构关系;其二,要寻找结构关系所形成的知识块,对知识进行综合及延伸,形成知识网状结构;其三,要将知识块和知识网融会贯通,从整体视角思考、分析并应用知识。总的来说,实施数学复习课教学,教师要精心设计复习提纲,引导学生在复习过程中落实知识与技能、过程与方法、情感态度与价值观等方面的学习目标,从而实现学生核心素养的形成与发展。

三、中学数学复习课的常用教学策略

对于中学数学复习课教学,教师可根据学生已有的知识基础以及学习能力情况,合理选择教学策略。基于崔允漷提出的有效教学的教学准备策略、教学实施策略、教学评价策略[1][2],吴立建给出了数学复习课的教学准备策略和教学实施策略,教学准备策略包括复习目标的确定、复习内容的选择,教学实施策略包括针对教学行为的适时引导(在知识的关键处进行引导、在学生认知的困惑处进行引导、在学生探索的迷惘处进行引导)、合作交流(在知识梳理时进行合作交流、在选择解题策略时进行合作交流、在解答开放型问题时进行合作交流)、有效评价(自我评价、同伴评价、教师评价),以及针对教学过程的主题式复习、情境创设、网络化知识建构、题组复习、一题多解、解后反思、应用拓展等策略[3]。周稞也指出,教学准备阶段要制定合理的教学目标、选择合适的复习内容,教学实施阶段可以基于思维导图梳理知识结构,基于"一题多变"进行题组复习,基于"一题多解"发散数学思维,基于"多题一解"识别习题模型,基于"解后反思"深化数学认知,基于"学以致用"内化解题方法[4]。黄小燕指出,核心素养导向的初中数学复习课教学策略包括:从碎片化到结构化,提高"数学抽象"

① 崔允漷. 有效教学:理念与策略(上)[J]. 人民教育,2001(6):46—47.
② 崔允漷. 有效教学:理念与策略(下)[J]. 人民教育,2001(7):42—43.
③ 吴立建. 基于有效教学的初中数学复习课策略研究[D]. 长春:东北师范大学,2009:20—29.
④ 周稞. 初中数学复习课教学策略研究[D]. 重庆:重庆师范大学,2020:30—40.

素养;举一反三、归类变式,提升"数学建模"素养;鼓励质疑,培养"勇于探究"的科学精神;善学善思,培养思维品质;加强阅读指导,提高"阅读素养"①。

总的来说,中学数学复习课的教学,在教学准备阶段,教师可以准备好复习提纲或有部分空缺的框图,精心设计典型例题和相关习题,在教学实施阶段,可以通过教师串讲、师生互动、生生互动等方式梳理归纳所学知识,教师讲解和学生做题穿插进行,鼓励学生学习,达到复习的效果。

第二节　中学数学复习课的设计与实践

鉴于数学复习课以"内化学习"为主要特征,且会因复习内容的难易以及涉及范围的大小等有所不同,数学复习课应基于复习内容的难易以及涉及范围的大小,在教学设计阶段做好精心准备,在教学实施阶段进行有效落实。

一、中学数学复习课的设计要领

相比较于注重教学目标确定、教学过程设计和课后作业设计等要素的中学数学概念课、数学命题课等新授课的设计,中学数学复习课的设计同样需要关注这几个要素,同时还需要聚焦教学过程中知识点的梳理深化和解题技能的训练提升等方面。本部分主要阐释知识点的梳理深化、解题技能的训练提升以及师生的交流互动。

(一) 梳理深化:知识的结构化

复习课教学的重点在于"复习",所要达成的教学效果与复习本身所承载的价值相契合。鉴于学生在新授课中所学的知识点相对较为零散,缺乏对知识的整体性与结构化的把握,复习课中对知识点进行系统梳理、重组结构就很有必要。因此,在复习课的教学设计中,教师需要根据教学进度和学生的学习情况明确具体的复习目标,确定复习的核心内容,设计好复习提纲,然后紧扣核心内容进行梳理和深化。其中,教师通过系统的梳理和讲解帮助学生整理归纳知识点,或者通过构建复习框架,引领学生复习回顾、自主总结并按图索骥完成知识的系统化梳理,帮助学生系统地认识过去一个阶段所学的知识与技能,这是数学复习课设计中的重要部分。当然,数学复习课教学中除了需要注重知识技能的梳理,还需关注数学思想方法的渗透和提炼,以体现数学的本质特征。教师可以适当总结数形结合、方程思想、函数思想、分类讨论等常用的数学思想方法,帮助学生感悟体会基本的数学思想,提升数学素养。

此外,鉴于学生对相似或相关的知识点和概念容易混淆不清,对不同的知识点或关联性不强的知识点容易形成碎片化印象,在数学复习课教学中教师需要及时帮助学生分析不同

---

① 黄小燕.核心素养导向的初中数学复习课教学策略[J].广西教育学院学报,2017(4):168—173.

知识点之间的关系,理解知识的本质,呈现相关知识的连贯性,辨析不同知识的关联性,做到化零为整。例如,在学习了一元一次方程、一元一次不等式和一次函数之后,教师可以通过"一次式知识的梳理复习",将看似独立的三个知识内容关联起来,建构三者之间的知识网络,挖掘其中蕴含的数学思想,形成一个知识体系。

总的来说,要通过复习课的知识点梳理总结,帮助学生明晰知识点在学习内容中的总体地位,了解知识点之间的相互关联,更好地把握知识点的脉络和结构,从更高阶层面、更加综合的视角去看待学习内容。

(二) 训练提升:习题的典型性与方式的多样化

为达到复习的目的,数学复习课教学中除了对知识点进行梳理讲解之外,适当的习题训练也是必要的。但是习题练习要少而精,且只能作为复习的辅助而不能作为核心。

在复习课的教学设计阶段,练习的设计要根据教学目的、学生水平等选择形式多样、覆盖面广的典型习题。其中,习题的设置要注重梯度,基于学生的认知经验,由易到难,由具体到抽象,循序渐进,既要设计为层次较低学生提供思维"引路"的问题,同时也要设计为层次较高学生提供思维发展和创新的问题[①]。习题的完成形式不一,可根据实际情况灵活选用,具体可采用全班整体练习、分组或同伴练习、学生个人练习等多种形式。不管采用何种练习方式,都要注重数学知识的迁移,培养学生用所学知识综合解决问题或尝试解决新问题的能力。注意要避免把复习课设计成注重技能训练的习题课或者讲评课等。

(三) 交流互动:学生的主体性和机会的多元化

在数学复习课教学中,虽然教师对所教知识的梳理和讲解居于重要地位,但也不能忽视教学过程中学生的主动参与,落实"以学生为中心"理念仍然是一个重要方面。教师要设计必要的学习活动,让学生通过自主学习或者合作学习的方式积极参与到对所学内容进行回忆和再现中,进行复习总结。例如,教师可通过先提供复习总结的线索和框架,让学生在课上或课后自主或合作梳理知识点,逐步完善知识系统,再通过自主或合作的习题训练解决问题,最后教师进行整体性或有针对性的总结,进一步强化知识体系的建构和思想方法的渗透,让不同学习程度的学生都能获得多元化的学习机会。

总的来说,在复习课教学中,教师要不断给学生创设认知和言语参与的机会,应避免提出缺少认知冲突的问题,而应有计划、有目的地提出一些能促进学生认知思维从低阶向高阶发展的问题,鼓励学生积极参与,并尝试进行自主梳理和应用。

二、中学数学复习课的教学模式

对复习课目标和功能的认识,决定了复习课内容的选择、教学的模式和教学的效果[②]。

---

① 叶立军,陈莉.初中数学复习课教学存在的偏差及其应对策略[J].教学与管理,2013(15):91—93.
② 邓勤.运用新课程的理念提高数学复习课的课堂效率[J].数学通报,2008,47(5):25—26,30.

目前的中学数学复习课教学实践中出现了一些不同的教学应用模式。例如,"情境诱导—复习指导—展示归纳—变式练习"模式①、"复习旧知—梳理知识—例题讲解—综合练习—反馈检测"模式②、说题教学模式③、问题化学习模式④、问题探究式教学模式⑤等。本部分主要介绍"情境诱导—复习指导—展示归纳—变式练习"这一复习课教学模式的操作要领,具体如下。

(一) 情境诱导

情境诱导是将学生从非上课环境状态调节到上课环境状态的一种重要手段。在创设情境时,无论是现实生活情境、问题情境、故事情境、游戏情境还是其他,都需要考虑把本节复习课的课题融入到所创设的情境中,在做到自然引出课题的同时,能够设置悬念,激发学生的学习兴趣。情境诱导的主要特点在于通过有形、有境、有情、有体验的引入,让学生在不知不觉中进入学习主题。

例如,对于"二次函数图象和性质"的复习课,教师可以用"函数问题作为初中数学的重点和难点,在实际生活中有着广泛的应用,有关二次函数的综合题更是历年中考的必考题,本节课我们就共同来复习一下二次函数的图象和性质"等内容导入复习课题。对于人教版初中数学教材中三角形背景下的"中点"知识的专题复习,教师可以让学生在课前基于对"已知三角形 ABC,点 D 为 BC 的中点,你可以联想到哪些知识和方法?请用思维导图梳理相关知识与方法"这一问题的探究,联想与"中点"相关的知识点,初步构建"中点"知识体系,为后面完善和拓展中点的相关知识奠定基础。

(二) 复习指导

复习是数学复习课的一个主要环节。复习时,一是要求学生带着复习提纲中的问题,通过回顾,重温本单元内容,回答复习提纲中的问题,对复习中发现的问题可以通过学生自主阅读课本、小组讨论等方法寻求答案。二是教师可以做简单的板书,然后到学生中进行巡视指导,掌握学生的学习状况,从而做到心中有数。三是教师要精心设计好复习提纲。复习提纲一般以问题串的形式体现,设问要全面,能够涵盖课本上本单元内容的相关知识点。对于几个有关联的内容,可以通过树状图、思维导图、列表等形式体现其关联性,将各个知识点纳入知识系统。复习提纲的设问要简洁明了,要让学生能看懂。

例如,关于"二次函数图象和性质"的复习课,教师可以提前设计好梳理提纲,课上学生按照提纲进行梳理,教师做必要的板书,然后到学生中间进行巡回指导,及时掌握学生的梳

① 王能举.初中数学复习课的一种教学模式[J].中学数学教学参考,2015(Z3):56—57.
② 黄小燕.核心素养导向的初中数学复习课教学策略[J].广西教育学院学报,2017(4):168—173.
③ 陈伟力.说题 变题 品题——初中数学复习课"说题教学"模式的实践与探析[J].数学教学通讯,2016(2):13—16,20.
④ 杨正伟.初中数学复习课"问题化学习模式"的探究[J].陕西教育(教学版),2020(5):53.
⑤ 刘伟.高中数学复习课教学模式探究[J].中小学电教(下半月),2010(4):54.

理情况,为展示归纳做好准备。

(三) 展示归纳

展示归纳包括展示和归纳两个方面,是学生深化理解的过程。对于展示,它是检查学生复习效果,暴露学生学习过程中的问题的一种重要手段。展示一般分为组内展示和全班展示。组内展示主要是学生小组交流答案,班内展示主要是抽小组代表在班内展示交流答案,学生说,教师板书。在展示过程中,一是教师要给学生提供充足的时间和空间,让他们能充分地表达自己的思考和想法,二是要让有典型问题的学生展示交流,达到充分暴露问题的目的,三是学生展示时教师要当好合作者,四是要发动其他学生评价、补充和完善。

关于归纳,教师对形成的新问题展示评价完善后,要对突出问题、需要强调的问题给予精讲或强调,所有题目展示完毕后,教师再引导学生从头到尾画龙点睛,对知识进行系统梳理,结成知识链,形成知识网,并针对学生易错的问题加以强调。

(四) 变式练习

变式练习是深化学生概念理解的一个重要环节。让学生在解答、变式、探索中深化对概念的理解,促进认知结果的内化过程。变式练习既要体现"练习",更要体现"变式"。在操作中,一是变式练习的编制要突出"变式",要以"复习提纲"为原型进行改编,是"复习提纲"的深化和升华,二是变式练习的呈现要逐题出示,先让学生做,再让学生展示,后让学生评价、补充、完善,最后小结。

在复习课的最后进行小结,是为了了解学生学习本节课之后的收获以及还存有的疑惑。

三、中学数学复习课案例与评析

"图形与几何"是中学数学学习的一个重要内容领域,本部分以该内容领域中的"三角形背景下的'中点'问题再探究"专题复习课的教学案例[①]为例,通过内容分析、教学过程片段、教学评析等展示并分析教师的教学思路和教学实施情况。

学段	初中	学科	数学	年级	九年级
教学课题	"三角形背景下的'中点'问题再探究"——专题复习课				

① 本案例由北京市陈经纶中学嘉铭分校郭凯路老师提供,引用中略有调整。

内容分析	本节课内容为人教版数学教材中三角形背景下的"中点"知识的专题复习。 "中点"问题是近几年中考的热点和难点问题的来源,不管是几何综合还是新定义问题都出现过与"中点"相关的题目。初中阶段与"中点"相关的内容主要有等腰三角形的"三线合一"、直角三角形的"斜边中线"、三角形的"中位线"等,因其涉及的核心知识点多、范围广,思考路径多样,往往成为相关几何题的"题眼"所在。学生要解决有关"中点"的问题,需合理利用与"中点"相关的知识和方法,将图形中蕴含的信息与已知条件融会贯通,对问题进行多角度分析,挖掘问题中所隐藏的中点痕迹,将相关联的数学知识汇聚到一起,必要时构造辅助线,从复杂图形中抽离出基本图形,方能使问题化繁为简,达到解决的目的。 本节课以**专题复习课**的形式,从**"中点"**出发,**引导**学生学会**构建**知识体系,**识别"中点"**基本图形,然后根据已知信息和图形特点**联想"中点"**知识结构,从而获得解决问题的思维路径。通过梳理相关知识和方法,学生的认知结构将得到完善和优化。
学习目标	1. 通过**"中点"**联想到相关知识、方法和基本图形,建立与其相关的知识体系,完善认知结构。 2. 在探究问题的过程中,通过阅读题目条件、挖掘隐含信息,不断地尝试,发现图形的**"中点"**特征,**联想**到相关方法,**构造**恰当的辅助线解决问题,梳理完善思维过程。 3. 在探索和证明的过程中,通过**自主探究**、**小组合作**等方式培养学生发现、分析和解决问题的能力,提升探索意识和求知欲。
教学难点	三角形背景下关于**"中点"知识体系的构建**及综合应用,建立专题复习课的基本模型。
教学重点	挖掘题目条件和图形中的"中点"特征,联想"中点"知识体系,**构造**恰当的**辅助线**来解决问题。
学习评价设计	**达成目标1的标志**:学生能够在课前初步建立"中点"的认知结构,并能够在解决问题的过程中不断完善认知结构,在课后能够把完善后的认知结构用思维导图的形式展示出来。 **达成目标2的标志**:学生能够根据"中点"这一字眼联想相关知识点,并结合图形特征找到解决问题的方法。 **达成目标3的标志**:学生能够通过自主探究、小组合作从"中点"的不同角度切入,获得更多解决问题的方法,发展学生的思维。

（续表）

	活动内容	设计意图
教学活动设计	**模块一——课前阅读，构建知识体系** **导言**：数学认知结构不仅包括数学知识结构，还包括数学能力、数学思维等，即陈述性知识、程序性知识以及它们之间的联系。学习者的数学认知结构指的是对数学知识的认识，包括对知识认识程度的深浅以及对知识之间联系的认识。 ▲ **问题**：已知△ABC，点 D 为 BC 的中点，你可以联想到哪些知识和方法？请用思维导图梳理相关知识与方法。 **学生活动**：课前，学生独立总结归纳与"中点"相关的知识和方法，并利用思维导图方式进行梳理。	课前让学生通过阅读教材，联想与"中点"相关的知识点，初步构建"中点"知识体系，培养学生的阅读能力以及关联能力，旨在达到初步复习知识的效果。
	模块二——课中阅读，完善知识体系 **环节一　梳理知识、归纳方法** **导言**：学习者初始构建的认知结构可能会有缺陷或因理解不恰当造成认知结构的错乱，这时需要教师遵循数学知识的基本原理，根据学生的认知水平，引导学生完善"中点"事实性知识的认知结构。 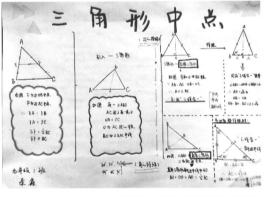 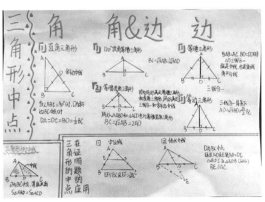	以三角形中的一个"中点"为认知起点引领学生展开联想，唤醒学生记忆存储中的相关信息，将散落在记忆角落的点状知识联结成网状结构，让学生更深刻地认识相关知识，激活学生的思维，达到**初步**复习的效果。

(续表)

活动内容	设计意图
学生活动1:展示思维导图,分享梳理的思路与内容。 **师生活动**:总结三角形背景下中点的相关知识与方法,初步构建"中点"认知结构。	
环节二 探究活动、知识应用 　　**导言**:围绕最基本的三角形设置问题。由于学生间的个体差异性,他们的认知结构有所不同,在面对具体问题时会有不同的解法,因此设置的问题应兼顾解决问题的思维多样性。本节课中设置的题目能够从多个角度思考,进而复习到与中点相关的每一个知识点。 　　**探究问题** 　　两块大小不同的等腰直角三角板如图7-1所示放置,图7-2是由此抽象出的几何图形。已知△ABC和△CDE为等腰直角三角形,点C、B、D在同一条直线上,连接AE,取AE的中点F,连接BF、DF。 　　猜想BF和CE有怎样的位置关系,并证明。 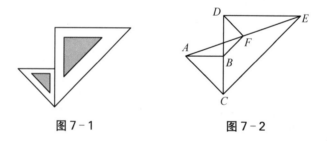 　　图7-1　　　　　　　图7-2 　　**学生活动2**:学生独立思考,找到解决问题的思路与方法,如遇到障碍,则记录下自己的问题。 　　**学生活动3**:学生进行合作学习,互相交流不同的解题方法并总结,如某位同学遇到障碍,同伴协助解决问题。 　　**学生活动4**:小组展示,分享思路。 　　**预设**:本题从不同的角度出发可以得到不同的解答思路。思路一:由一个中点联想另一个中点,通过延长AB构造三角形中位线解决问题;思路二:由直角三角形中的中点可联想直角三角形斜边的中线,进而通过连接CF解决问题;思路三:由垂直和角平分线可联想等腰三角形三线合一解决问题;思路四:由中点联	一题多变是培养学生发散思维的方法,它可以通过纵横发散使知识串联,综合分析达到举一反三、触类旁通的目的。发散性思维是一种重要的创造性思维,它要求学习者能够对给出的材料、信息从不同角度、不同方向,用不同方法或途径进行分析和解决。其特点是思维方向的求异性、思维结构的灵活性、思维进程的飞跃性、思维效果的整体性及思维表达的新颖性。 　　本题的安排一方面培养学生独立思考的能力,另一方面培养学生合作探究的能力。 　　合理利用"中点"性质,将图形中蕴含的信息与已知条件融会贯通,对问题进行多角度分析,形成多种思维路径,进而从多个角度复习与"中点"相关的知识以及应用,达到深度复习

活动内容	设计意图
想倍长中线构造三角形全等解决问题，即延长 BF 构造辅助线解决问题。以上思路的共同点是活用中点，通过添加辅助线构造基本图形，以明晰解题方向；不同点是通过联想不同的知识点可以构造不同的基本图形解决问题。 　　**师生活动**：引导学生总结、比较这几种解决问题的方法，反思自己遇到的障碍，并总结经验。 　　**追问 1**：请同学们思考 BF 和 DF 之间有怎样的关系？ 　　**学生活动 5**：思考并进一步分享解决问题的思路。	的效果，从而发展学生的发散性思维。 　　比较多种解法的异同，引导学生从不同角度、不同方式、不同层次来探究问题，这种方式既有利于学生掌握知识的内在本质，也提升了学生的逻辑推理能力等核心素养。从几种方法的不同中找到"中点"与各知识间的桥梁，建立知识间的联系。通过几种解法的相同之处，挖掘几种方法之间的共性，探索解决"中点"问题的思考路径，从而完善学生的认知结构体系。 　　安排此环节的目的是把中点更加特殊化，在等腰直角三角形中，底边上的中点可带来两条线段间的特殊关系。用讨论和追问的形式让学生进行深度思考，培养学生的批判性思维。
环节三　思维变式、拓展提升 　　**导言**：为了进一步提升学生思维的灵活性，将问题中的条件弱化，改变两个共顶点等腰直角三角形的位置，使其失去共边的特性，得到变式问题。通过设置多个解法的问题发散学生思维，通过对问题的变式引导学生触类旁通。在解决问题的过程中启发学生感悟研究几何问题的一般路径，激发学生对问题的深层次	

（续表）

活动内容	设计意图
思考,有效促进学生对知识和方法的深度理解,进而让建立起来的认知结构更加完善。 　　**追问2:**如图7-3所示,△*ABC* 和△*CDE* 为等腰直角三角形,将△*CDE* 绕点 *C* 顺时针旋转 45°,连接 *AE*,取 *AE* 的中点 *F*,连接 *BF*、*DF*,试问 *BF* 和 *DF* 之间有哪些关系,并证明。 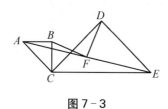 图7-3 　　**学生活动6:**独立思考,解决问题,并向大家分享解决问题的方法。 　　**预设:**发现"平行线",从而联想到构造辅助线,得到"8字型三角形全等"。由以上的探究过程,要得到 *BF* 和 *DF* 相等且垂直的关系,可以联想到把两条线段放在同一个等腰直角三角形中,进而得到解决问题的思维路径。	通过对探究问题从静态到动态的纵向拓展,启发学生看到"中点"后如何去思考问题,引导学生从图形中进一步挖掘"中点"的相关信息,联想相关知识和方法解决问题,深化"中点"相关知识和方法的应用。
环节四　归纳小结,反思提升 　　**导言:**专题课中的解题不应拘泥于"怎样做",而是要教会学生"怎样想",比如由"主题"可以联想到哪些知识点,怎样运用这些知识解决问题等。在解决问题的过程中,不仅要传授知识,更要传达思维方法以及思考路径,要引导学生学会识别或构造基本图形,探寻问题解决的基本规律,自然生成解答问题的思路。 　　▲**问题:**通过本节课的学习,请你进一步归纳补充"中点"的相关知识和方法,并谈一谈解决"中点"相关问题的思维路径是什么。 　　**师生活动:**由学生梳理本节课的收获,完善"中点"认知结构。	通过小结,梳理本节课的收获,达到进一步复习相关知识的效果,培养学生的归纳、总结以及反思的能力。
模块三——课后阅读,拓展知识体系 **课后阅读材料** 　　人们认识世界总是从特殊到一般,再从一般到特殊,数学研究也不例外。对于一般情况下难以求解的问题,可以运用特殊化	

（续表）

活动内容	设计意图
思想,如取特殊值、特殊图形等,寻求解决问题的思路,然后把方法类比到一般情形,从而使问题得到顺利解决。 　　在此背景下,小明提出问题:如图 7-4 所示,如果将△CDE 绕点 C 顺时针旋转 α,在其他条件不变的情况下,BF 和 DF 之间还保持垂直和相等的关系吗? 　　小明的解决方法如下:类比探究一和探究二,如图 7-5 所示,通过构造 GE // AB 得到 △ABF ≌ △EGF,但是在证明 △BCD ≌ △GED 时遇到了困难,请你帮助他解决这个问题,并完成知识要素,画出思维流程图。 图 7-4　　　　　　图 7-5	通过课后阅读拓展的方式,学生的认知结构进一步深化。
评析	为引导学生建立专题知识的认知结构,提升复习课的学习效率,培养学生的发散性思维,本节专题复习课立足于初中几何中非常重要的"中点"及相关问题的探究。在教学过程中,教师非常关注学生的阅读和认知能力发展,通过课前的"建构知识体系",课中的"完善知识体系",课后的"拓展知识体系",结合学生的有意义学习和问题解决相关学习理论,引导学生逐步对从"知识源"建立起来的认知结构进行完善,并借助多题一解、一题多解的方式设计探究问题,且在解决问题的过程中引导学生建立相关认知体系,梳理归纳研究中点问题的相关方法,以上均具有很好的引导作用。同时,教师还充分使用了小组合作的学习方式,关注学生在课堂中的参与,提高了课堂效率,为促进学生全面发展,培养学生核心素养打下了很好的基础。

第三节　中学数学复习课教学技能的提高

　　数学复习课的有效教学,既要让在新授课阶段学得吃力的学生获得一定的成就感,也要让在新授课阶段表现较好的学生对复习内容保有一定的"新鲜感",让不同学习程度的学生在复习课中都能有新的获得和生成,这一愿景的实现对教师的复习课教学技能提出了要求。

提高中学数学教师复习课教学技能可以从学科专业知识、教学技能、教学经验、教学辅助手段等方面着力。

一、学科专业知识的强化：复习内容本质特征及内在关系的厘清

要想在数学复习课中真正落实"梳理巩固已知，学习探索未知"，破解复习课中常常存在的"只见知识，不见联系"等问题，需要授课教师过硬的相关知识储备和充分的课前准备。教师要上好数学复习课，需要具备一定的专业素养，尤其是中学数学学科专业知识，要从单元整体视角审视复习课的内容体系。教师要能对数学内容本身及教学有着较为系统、深入的理解，要能准确把握复习的数学内容的本质特征，厘清不同数学知识之间的层次结构及内在关系，这是在数学复习课的教学中更好地引导学生系统复习、梳理归纳、总结提炼知识的基础。除此之外，教师还要熟悉数学课程标准对复习知识的具体要求、深度和广度为何、哪些是重点、常见的运用是哪些、会有怎样的变式等。教师只有深刻理解知识的内涵和外延，学科本质和教学要求，才能在复习课中实施恰当行为，体现复习课的教学技能。因此，强化学科专业知识是中学数学教师提高自身复习课教学技能的一个重要方面。

二、教学辅助手段的掌握：复习教学辅助手段的学习与综合运用

伴随着现代信息技术的不断发展与充分应用，作为一种专门技术的教师教学技能，其技术含量也越来越高，这些信息技术对于复习课尤为重要，往往能起到事半功倍的效果。例如，思维导图、概念图、希沃白板等工具以及变式教学等方式都可以广泛应用于中学数学复习课教学中，以让数学复习课中的知识梳理逻辑化、直观化，问题思考全面化、条理化，合作学习深度化、显性化，思维过程结构化、系统化。而随着大数据在课堂教学中的深度介入，教师可用它来诊断学生该部分知识学习的成效，例如哪些知识是学习的难点、哪些题型往往是他们学习的障碍，这些都可以为复习课提供精准信息。而对这些工具和方式的充分利用，需要教师在具备一定的学科专业素养的同时，还要在信息素养等方面也有一定的基础和发展。因此，要提高复习课的教学技能，教师要成为一个学习者，不断学习并掌握一些教学辅助手段，合理运用信息技术呈现复习课的知识脉络，通过大数据的精准跟踪，提高复习课的有效性。

三、优秀案例的观摩与学习：复习课观摩与相关文献的阅读

对于不同类别、不同内容的复习课，可选择采取的教学方式也不尽相同。教师除了不断思考，还需要不断学习，观摩优秀教师的复习课和阅读相关的优秀文献就是重要的路径。随着信息化的普及，各种网络平台中有着丰富的优秀复习课教学案例，也有很多与复习课有关的高质量文献。教师要以学习者的姿态，对优秀教学案例进行观摩与分析，对高质量文献进行研读与反思。在学习过程中，不断思考哪些是可以借鉴的，哪些虽然还不错，但是不适合

自己的,其间还可以与同伴积极研讨,将所学知识和能力内化为自身的一部分,这是提高中学数学教师复习课教学技能的重要方式。

四、自身教学经验的积累:选择多样化方式开展复习课教学实践

与通过学习获得学科专业知识不同,复习课教学技能的提高还必须通过实践、通过训练获得。教师作为一名教学者,要在课前精心准备并反复练习,在复习课的教学中观察学生的即时反应,如果出现与预设存在较大差异的情况就要及时调整,在课后要积极总结,如果有授课视频要仔细分析,包括语言的表达、课堂节奏的把握、神态和动作行为、板书等。无论在课前、课中还是课后,如果能邀请同行专家参与,共同研讨复习课的教学,会对教师的复习课教学技能提高有很大帮助。这些经历都可以丰富教师的复习课教学经验,而这些经验的积累又能更有效地指导教师的教学,形成良性循环。

其实,随着信息化的发展,教师的学习方式也越来越多样、便捷。中学数学教师无论是知识的丰富还是能力的提升,其关键在于教师是否具有积极的专业发展意识,能否主动去学习,只要有这种积极性,就能不断提高自身的专业水平。当然这种积极努力并不意味着只有一腔热血,还要掌握一定的方法,是有计划、有针对性的积极努力,而不是盲目的、随机式的学习。数学是基础性学科,教学质量对学生的发展有着重要的影响,无论是职前教师还是在职教师,只要有积极发展的愿望,就一定能摸索到符合自身、具有个人特色的中学数学教学规律。

═══ 思考与练习 ═══

1. 请阐述中学数学复习课的主要类型及作用。
2. 请设计一个中学数学单元复习课案例。